OS VENTOS
SOPRAM DO SUL

Agenor Brighenti (Org.)

OS VENTOS
SOPRAM DO SUL

O PAPA FRANCISCO E A
NOVA CONJUNTURA ECLESIAL

Dados Internacionais de Catalogação na Publicação (CIP)
(Câmara Brasileira do Livro, SP, Brasil)

Os ventos sopram do sul : o Papa Francisco e a nova conjuntura
eclesial / Agenor Brighenti, (org.). -- São Paulo : Paulinas, 2019.
-- (Coleção bispo de Roma)

Vários autores.
ISBN 978-85-356-4534-7

1. Concílio Vaticano (2. : 1962-1965) 2. Francisco, Papa, 1936 -
3. Igreja Católica - América Latina 4. Igreja e pobres 5. Igreja e
problemas sociais 6. Teologia I. Brighenti, Agenor. II. Série.

19-26895   CDD-262.13

Índice para catálogo sistemático:

1. Igreja Católica : Papas : Magistério pastoral 262.13

Cibele Maria Dias - Bibliotecária - CRB-8/9427

1ª edição – 2019

Direção-geral: *Flávia Reginatto*
Editores responsáveis: *Vera Ivanise Bombonatto*
João Décio Passos
Copidesque: *Mônica Elaine G. S. da Costa*
Coordenação de revisão: *Marina Mendonça*
Revisão: *Ana Cecilia Mari*
Gerente de produção: *Felício Calegaro Neto*
Projeto gráfico: *Jéssica Diniz Souza*
Capa e diagramação: *Tiago Filu*

---

*Nenhuma parte desta obra poderá ser reproduzida ou transmitida
por qualquer forma e/ou quaisquer meios (eletrônico ou mecânico,
incluindo fotocópia e gravação) ou arquivada em qualquer sistema ou
banco de dados sem permissão escrita da Editora. Direitos reservados.*

Paulinas

Rua Dona Inácia Uchoa, 62
04110-020 – São Paulo – SP (Brasil)
Tel.: (11) 2125-3500
http://www.paulinas.com.br – editora@paulinas.com.br
Telemarketing e SAC: 0800-7010081
© Pia Sociedade Filhas de São Paulo – São Paulo, 2019

Sumário

Prefácio
Com o Papa Francisco termina a Igreja só ocidental
e começa a Igreja universal 7
LEONARDO BOFF

Introdução 11

Da periferia para o centro: a influência das Igrejas do Sul
na nova conjuntura eclesial.. 21
JOÃO DÉCIO PASSOS

La alegría siempre nueva del evangelio y las novedades
pastorales de Francisco... 59
CARLOS MARÍA GALLI

Igreja em saída: compromissos e contradições
na proposta missionária do Papa Francisco.................... 111
PAULO SUESS

Eclesiología latinoamericana en el pensamiento
del Papa Francisco 127
JOSÉ DE JESÚS LEGORRETA ZEPEDA

"Uma Igreja pobre e para os pobres":
abordagem teológico-pastoral do Vaticano II a Francisco.....149
FRANCISCO DE AQUINO JÚNIOR

Documento de Aparecida: o "texto original",
o "texto oficial" e o Papa Francisco 183
AGENOR BRIGHENTI

El Papa Francisco: nuevo paradigma eclesial y teológico.....233
JUAN JOSÉ TAMAYO

Prefácio

Com o Papa Francisco termina a Igreja só ocidental e começa a Igreja universal

LEONARDO BOFF[*]

Passaram-se já mais de cinco anos do papado de Francisco, bispo de Roma e papa da Igreja universal. Muitos fizeram balanços minuciosos e brilhantes sobre essa nova primavera que irrompeu na Igreja. De minha parte enfatizo apenas alguns pontos que interessam à nossa realidade.

O primeiro deles é a revolução feita na figura do papado, vivida em pessoa por ele mesmo. Não é mais o papa imperial com todos os símbolos, herdados dos imperadores romanos. Ele se apresenta como simples pessoa como quem vem do povo. Sua primeira palavra de saudação foi dizer aos fiéis *"buona sera"*: "Boa-noite". Em seguida, anunciou-se como bispo de Roma, chamado a dirigir no amor a Igreja que está no mundo inteiro. Antes de ele mesmo dar a bênção oficial, pediu que o povo o abençoasse. E foi morar não num

---

[*] Teólogo, escritor e professor universitário brasileiro, expoente da teologia da libertação no Brasil e conhecido internacionalmente por sua defesa dos direitos dos pobres e excluídos. Foi membro da Ordem dos Frades Menores (franciscanos) e, depois, professor emérito de Ética, Filosofia da Religião e Ecologia na Universidade do Estado do Rio de Janeiro e em outras universidades estrangeiras. Seu trabalho atual está relacionado principalmente às questões ambientais.

palácio – o que teria feito chorar Francisco de Assis –, mas numa casa de hóspedes. E come junto com eles.

O segundo ponto importante é anunciar o Evangelho como alegria, como superabundância de sentido de viver e menos como doutrinas dos catecismos. Não se trata de levar Cristo ao mundo secularizado. Mas de descobrir sua presença nele pela sede de espiritualidade que se nota em todas as partes.

O terceiro ponto é colocar no centro de sua atividade três polos: o encontro com o Cristo vivo, o amor apaixonado pelos pobres e o cuidado da Mãe Terra. O centro é Cristo e não o papa. O encontro vivo com Cristo tem o primado sobre a doutrina.

Em vez da lei, anuncia incansavelmente a misericórdia e a revolução da ternura, como o disse, falando aos bispos brasileiros em sua viagem ao nosso país.

O amor aos pobres foi expresso na sua primeira intervenção oficial: "Como gostaria que a Igreja fosse a Igreja dos pobres!". Foi ao encontro dos refugiados que chegavam à ilha de Lampeduza, no sul da Itália. Ali disse palavras duras contra certo tipo de civilização moderna que perdeu o sentido da solidariedade e não sabe mais chorar o sofrimento de seus semelhantes.

Suscitou o alarme ecológico com sua encíclica *Laudato Si'*: sobre o cuidado da Casa Comum (2015), dirigida a toda a humanidade. Mostra clara consciência dos riscos que o sistema-vida e o sistema-Terra correm. Por isso, expande o discurso ecológico para além do ambientalismo. Diz enfaticamente que devemos fazer uma revolução ecológica global (n. 5). A ecologia é integral e não apenas verde, pois involucra a sociedade, a política, a cultura, a educação, a vida cotidiana e a espiritualidade. Une o grito dos pobres com o grito da Terra (n. 49). Convida-nos a sentir como nossa a dor da natureza, pois todos somos interligados e envolvidos numa teia de relações. Convoca-nos a "alimentar uma paixão pelo cuidado do mundo... uma mística que nos anima, nos impele, motiva e encoraja e dá sentido à ação pessoal e comunitária" (n. 216).

O quarto ponto significativo foi apresentar a Igreja não como um castelo fechado e cercado de inimigos, mas como um hospital de campanha que a todos acolhe sem reparar sua extração de classe, de cor ou de religião. É uma Igreja em permanente saída para os outros, especialmente para as periferias existenciais que grassam no mundo inteiro. Ela deve servir de alento, infundir esperança e mostrar um Cristo que veio para nos ensinar a viver como irmãos e irmãs, no amor, na igualdade, na justiça, abertos ao Pai que tem características de Mãe de misericórdia e de bondade.

Por fim, mostra clara consciência de que o Evangelho se opõe às potências deste mundo que acumulam absurdamente, deixando na miséria grande parte da humanidade. Vivemos sob um sistema que coloca o dinheiro no centro e que é assassino dos pobres e um depredador dos bens e serviço da natureza. Contra esses, tem as mais duras palavras.

Dialoga com todas as tradições religiosas e espirituais. No lava-pés da Quinta-Feira Santa, estava uma menina muçulmana. Quer as Igrejas, com suas diferenças, unidas no serviço ao mundo, especialmente aos mais desamparados. É o verdadeiro ecumenismo de missão.

Com esse Papa que "vem do fim do mundo" se encerra uma Igreja só ocidental e começa uma Igreja universal, adequada à fase planetária da humanidade, chamada a encarnar-se nas várias culturas e construir aí um novo rosto a partir da riqueza inesgotável do Evangelho.

Introdução

Os poucos anos do pontificado reformador de Francisco foram suficientes para propiciar à Igreja um momento novo, ainda que não sem tensões e oposição de segmentos eclesiais, que até então gozavam de prestígio e ocupavam centros de poder. A eleição de um papa oriundo do "fim do mundo" desestabilizou o velho centro, acostumado a domesticar autoritariamente a periferia. A renúncia de Bento XVI, em certa medida, poderia ser lida como o esgotamento de um projeto de Igreja em torno da denominada "nova evangelização", desenhado pelo Papa João Paulo II. A categoria "nova evangelização", plasmada por *Medellín* e reiterada por Paulo VI Na *Evangelii Nuntiandi*, para expressar a necessidade de um novo modo de agir a fim de implementar a renovação do Concílio Vaticano II, foi usada para levar a cabo um programa de ação com características de neocristandade. A meta parecia ser, através de uma missão centrípeta, sair para fora da Igreja, a fim de trazer de volta para dentro dela os católicos afastados. Como destinatários da dita "nova evangelização" havia, sobretudo, os católicos da sociedade europeia secularizada, emancipados da Igreja. Para isso, por diversas razões, se tinha minimizado a profunda renovação operada pelo Concílio Vaticano II e tomado distância de um diálogo franco e aberto com o mundo, que passa por profundas transformações, particularmente em torno da irrupção da modernidade tardia. A emergência de novos valores, verdadeiros "sinais dos tempos", entretanto, desafiava a Igreja a romper com o "inverno eclesial" ou a "noite escura" que se haviam instaurado, sob o comando de segmentos da hierarquia e com o respaldo de grupos tradicionalistas, visivelmente atrelados e nostálgicos a um passado sem retorno.

Foi neste contexto que, após a renúncia de Bento XVI, quando todos esperavam mais do mesmo, de modo surpreendente, foi eleito o Papa Francisco, um novo papa que está fazendo um pontificado novo. Já estava na hora de se respirar novos ares (*buenos aires*), de se olhar o mundo sob outro prisma (desde a periferia) e de se romper com o eurocentrismo (para incluir o fim do mundo); enfim, urgia-se um "novo Pentecostes". Era chegada a hora das "novas Igrejas" do hemisfério Sul, Igrejas há décadas com novo rosto, plasmado na "recepção criativa" do Concílio Vaticano II; o rosto dos pobres e excluídos do Sul global, com suas "angústias e esperanças", mas sobretudo portadores da "doce alegria de evangelizar". E, de fato, o que se viu com a eleição do Papa Francisco, desde a primeira hora, foram os *ventos soprando a partir do Sul* e forjando uma nova conjuntura eclesial. "Vento impetuoso", em gestos fortes e desconcertantes, em palavras que são navalha e em iniciativas arrojadas como a da reforma na própria casa, a Cúria Romana.

Até o momento, quatro grandes documentos estão dando o tom e o rumo deste pontificado – *Evangelii Gaudium*, *Laudato Si'*, *Amoris Laetitia* e a Exortação Apostólica *Gaudete et Exsultate*, sobre o chamado à santidade no mundo atual.

Também se poderia incluir os três proféticos discursos endereçados aos Movimentos Populares, que marcam um avanço no Pensamento Social da Igreja. Todos estes documentos foram jubilosamente recebidos, tanto dentro como fora da Igreja, menos pelos segmentos tradicionalistas. Há contestação aberta e descarada, inclusive de cardeais, contrapondo-se a um magistério que nada mais faz do que acertar o passo da Igreja com a renovação do Concílio Vaticano II, ainda que com os matizes do modo como foi recebida pelas Igrejas no hemisfério Sul.

O Papa Francisco é fruto do caminhar da Igreja no Sul global, particularmente na América Latina, que com *Medellín* deixou de ser uma "Igreja reflexo" (H. Lima Vaz) da Europa e passou a ter um rosto e uma palavra próprios. Seu rosto próprio vem da busca de uma Igreja toda ela ministerial, da superação do binômio clero-leigos, de uma Igreja organizada em Comunidades Eclesiais de Base, do testemunho dos mártires das causas sociais ou da inserção profética dos cristãos no seio de uma sociedade excludente, como cidadãos. Sua palavra própria se alicerça na leitura popular da Bíblia e no saber popular, também dotado de um *logos* crítico, que encontram na teologia da libertação uma nova inteligência da fé. Papel importante neste percurso tiveram as Conferências Gerais dos Bispos da América Latina de *Medellín* (1968), *Puebla* (1979), *Santo Domingo* (1992) e *Aparecida* (2007). Aliás, certamente não haveria Papa Francisco sem *Aparecida*, seja por ter contribuído muito com seu êxito, seja por ter assumido suas conclusões, que significam o resgate da renovação do Vaticano II, na perspectiva de *Medellín.* No pontificado de Francisco, "os ventos sopram do Sul", trazendo novo alento para a Igreja como um todo, sobretudo para o velho mundo e os atrelados a ele, ainda que com a resistência de muitos.

A abordagem deste livro busca, precisamente, colocar em relevo a contribuição das Igrejas no hemisfério Sul, particularmente na América Latina, ao pontificado de Francisco. São sete capítulos, precedidos por um prefácio: cinco de teólogos brasileiros e três de teólogos estrangeiros, escritos em espanhol. Optamos por publicar os textos escritos em língua estrangeira na língua do papa, sem tradução ao português, até para expressar a diversidade de vozes do Sul, presentes na nova conjuntura eclesial, propiciada pelo pontificado de Francisco.

Abrindo o livro, está o prefácio de Leonardo Boff. Segundo o autor, "com esse papa que 'vem do fim do mundo' se encerra uma Igreja só ocidental e começa uma Igreja universal, adequada à fase planetária da humanidade, chamada a encarnar-se nas várias culturas e a construir aí um novo rosto a partir da riqueza inesgotável do Evangelho". Isso se deve ao rompimento de estilo de papa imperial, reinante até então, para uma pessoa que vem do povo, apaixonado pelos pobres e morando numa casa de hóspedes. Com sensibilidade ecológica, anuncia o Evangelho como alegria aos pequenos e, ao mesmo tempo, oposição às potências deste mundo.

No primeiro capítulo, *João Décio Passos*, teólogo da PUC de São Paulo, trata da presença das Igrejas do Sul na atual conjuntura eclesial universal, gradativamente plasmada pelo Papa Francisco, desde sua eleição. O autor mostra que, no âmbito e na sequência de uma hegemonia histórica e institucional das Igrejas do Norte, as periferias foram marcando presença na inteligência central da Igreja, sobretudo, a partir das possibilidades lançadas pelo Concílio Vaticano II. A eclesiologia conciliar, com os princípios da comunhão e da colegialidade, abriu efetivamente a possibilidade de uma circularidade entre centro e periferia da Igreja, sendo o período de sua recepção precisamente um jogo tenso dessa relação. O Papa Francisco é o filho dessa época e o sujeito que sintetiza em suas posturas e ministério a relação entre a unidade/centralidade e a diversidade/localidade eclesiais.

Na sequência, no segundo capítulo, *Carlos María Galli*, teólogo argentino da Universidade Católica de Buenos Aires, aborda *La alegría siempre nueva del Evangelio y las novedades pastorales de Francisco*. O autor se propõe a aprofundar a pessoa, o ministério e o pensamento do papa reformador, que tem suas raízes tanto na singularidade do jesuíta Jorge Mario Bergoglio como em sua pertença à Igreja latino--americana, em especial, seu alinhamento com o projeto missionário de *Aparecida*. A abordagem é feita em quatro momentos: a novidade do pontificado de Francisco, a novidade permanente do Evangelho na teologia pastoral do novo papa, a sinodalidade da Igreja em perspectiva missionária como marca de sua eclesiologia e algumas novidades em seu magistério social.

No terceiro capítulo, o missiólogo alemão *Paulo Suess*, radicado no Brasil, entre outros, ao CIMI, mostra como, depois de longos anos de um magistério tímido no aproveitamento das aberturas propostas pelo Vaticano II, o magistério do Papa Francisco parece descortinar horizontes conciliares de saída de um inverno eclesial a serviço do mundo de hoje. Para o autor, o paradigma da "Igreja em saída" inspira, não sem contradições, a possibilidade de um novo agir pastoral do encontro e da proximidade entre Povo de Deus e Igreja hierarquicamente estruturada. A "Igreja em saída" está substituindo o paradigma da "Nova Evangelização". A Exortação *Evangelii Gaudium*, que deveria ser a síntese das "Proposições" do sínodo de 2012 sobre a nova evangelização, foi muito além. No entanto, frisa o autor, sua implementação encontra obstáculos previsíveis.

No quarto capítulo, *José de Jesús Legorreta Zepeda*, teólogo mexicano da Universidade Ibero-americana do México, apresenta, no contexto de crise eclesial fruto da incongruência entre uma eclesiologia de comunhão e estruturas eclesiais pré-conciliares, que a eclesiologia do Papa Francisco não somente resgata a eclesiologia conciliar como forja uma reforma eclesial profunda, na qual as contribuições da eclesiologia latino-americana da libertação são incorporadas ao patrimônio irrenunciável da grande tradição da Igreja. Entre elas, apresenta o método "ver-julgar-agir", a opção pelos pobres, a prioridade da ortopráxis em relação à ortodoxia, a relevância das mediações sociais da fé e a necessidade de uma Igreja pobre e para os pobres.

Na sequência, como quinto capítulo, *Francisco de Aquino Júnior*, teólogo da Universidade Católica de Pernambuco, revela que, no centro das preocupações e orientações pastorais do novo bispo de Roma, estão o cuidado e o compromisso com os pobres, expressos nos termos de "uma Igreja pobre para os pobres". Segundo o autor, essa é uma marca fundamental da Igreja de Jesus Cristo, pois, ainda que nunca se tenha perdido completamente esta tradição, foi profeticamente retomada com muita força e criatividade pelo Concílio Vaticano II, com João XXIII e o grupo "Igreja dos pobres", e, sobretudo, pela Igreja latino-americana, com as conferências episcopais de Medellín e Puebla, assim como com a teologia da libertação. Partindo da reflexão desenvolvida no Concílio Vaticano II e na Igreja da América Latina, o texto apresenta o modo como Francisco compreende e propõe a opção pelos pobres para toda a Igreja, assim como identifica as convergências e diferenças entre Francisco e a teologia da libertação acerca do projeto de "uma Igreja pobre para os pobres".

No sexto capítulo, *Agenor Brighenti*, teólogo-pastoralista da PUC do Paraná, faz um paralelo entre o "texto original" do Documento de Aparecida, que teve à frente da Comissão de Redação o então Cardeal Bergoglio e que sofreu em torno de 250 mudanças antes de ser publicado como "texto oficial", e o magistério do Papa Francisco, especialmente a *Evangelii Gaudium*. Para o autor, é curioso constatar que o Papa Francisco, desde a primeira hora de seu pontificado, em seus pronunciamentos e documentos, tem resgatado praticamente tudo aquilo que os censores do "texto original" de *Aparecida* tinham suprimido. É o "Papa do fim do mundo", fazendo soprar desde a periferia os "ventos do Sul" no coração da Igreja como um todo. Trata-se da afirmação da tradição eclesial libertadora da Igreja na América Latina, antes sob suspeição e, agora, reconhecida e enriquecendo a Igreja inteira.

Fechando o livro, no sétimo capítulo, o teólogo espanhol *Juan José Tamayo* apresenta o Papa Francisco como um novo paradigma eclesial. Sublinha suas três principais linhas de ação: a reforma estrutural da Igreja, a desqualificação do sistema liberal capitalista e o cuidado com a ecologia. Para o autor, o novo pontificado se situa na perspectiva libertadora posta em evidência pela teologia da libertação, assim como pelas teologias do Sul global. Mas não deixa de apontar também seus limites, para ele, os três mais importantes: a lentidão na reforma da Igreja, a persistência do clericalismo e a marginalização das mulheres. Termina dizendo que o futuro do atual pontificado reformador depende da superação do clericalismo, do respeito ao pluralismo, da promoção da sinodalidade eclesial em todos os níveis, da incorporação das mulheres, da Igreja situar-se nas periferias e da promoção das CEBs.

* * *

O modelo de Igreja acenado pelo Papa Francisco e sua postura ante o mundo lembram muito a figura de João XXIII. Ambos são habitados por um olhar sereno e otimista perante o mundo que, para os segmentos alinhados à neocristandade, conspira contra a Igreja. Em meio a luzes e sombras, há novos valores emergentes a acolher e novos sinais dos tempos a discernir, sem perder o senso crítico e a profecia.

A tarefa do Papa Francisco, também por ser um papa da periferia, não será nada fácil. Também João XXIII encontrou muitas dificuldades em convocar um Concílio que abrisse "portas e janelas da Igreja, para deixar entrar o ar fresco do mundo". Dificuldades, sobretudo no seio da Cúria Romana, onde também hoje talvez resida o desafio maior de uma necessária e urgente reforma institucional. Acertadamente, o "Papa Bom" diagnosticava que, "em nosso tempo, abundam profetas de calamidades, para os quais não há nada de bom no mundo de hoje; no fundo, eles não aceitam a história; eles não assumem a radical ambiguidade da história".

Só uma Igreja-mãe é capaz de assumir essa ambiguidade, condição para discernir e acolher os desígnios de Deus revelados no coração da história e ser presença no mundo de uma Igreja-mestra da verdade que liberta, a começar de sua autorreferencialidade, com matriz eurocêntrica e centralizadora. Se o Papa Francisco conseguirá imprimir um rosto de Igreja-mãe, samaritana, compassiva, pobre e dos pobres, tal como sonhava João XXIII, é ainda apenas esperança. Mas já é alvissareiro o Bispo de Roma ter-se mostrado um pai simples, acolhedor da contribuição das novas Igrejas, próximo dos que sofrem, otimista. É preciso sonhar, pois, como diz Leonardo Boff, "não somos nós que carregamos sonhos, são os sonhos que nos carregam; o imaginário pertence também ao real, à sua melhor parte".

Da periferia para o centro: a influência das Igrejas do Sul na nova conjuntura eclesial

JOÃO DÉCIO PASSOS[*]

O título desta reflexão faz afirmações explícitas e implícitas. Afirma explicitamente que vivenciamos uma nova conjuntura eclesial e que as Igrejas do Sul constituem uma variável dessa renovação. Afirma implicitamente que as Igrejas do Sul são portadoras de tradições próprias que as distinguem da tradição do governo central, ou seja, indica a existência de diferentes eclesiologias que ora se encontram em confronto, compondo uma "nova conjuntura"; ainda está oculto no título o pressuposto de que o Papa Francisco é promotor dessa influência, tendo sua origem em uma país/ Igreja do Sul. Portanto, estaria ocorrendo uma confluência construtiva na Igreja Católica, um modo novo de encarar a própria Igreja na sua relação entre centro e periferia. Em termos estritamente eclesiológicos, está em jogo, por certo, uma nova postura entre os aspectos universal e particular da Igreja. Com efeito, algumas interrogações podem saltar à mente: essa influência é recente, inaugurada por Francisco? Qual o real poder de influência das Igrejas do Sul em uma

---

[*] Autor em Ciências Sociais e livre-docente em Teologia pela Pontifícia Universidade Católica de São Paulo. É professor associado do Programa de Estudos Pós-Graduados em Ciência da Religião na mesma Universidade.

estrutura institucional milenar e com práticas consolidadas? Como se dá essa influência? E, ainda, qual o significado político e eclesial dessa influência? Haverá uma postura hegemônica no final de um processo de reforma?

Entretanto, não parece haver dúvidas de que o papado não é mais o mesmo. Também não há dúvidas de que a instituição católica é exatamente a mesma. E, por certo, paira ainda a dúvida se a Igreja como um todo ainda é a mesma. A Igreja estaria em um tempo de transição, quando as coisas novas e velhas se confrontam, misturam-se sem apontar para um rumo claro? Qual seria o resultado final desse processo? Essas interrogações sócio-históricas sem repostas imediatas e, em certa medida, sem previsões probabilísticas exigem cautela na análise e, sobretudo, nos prognósticos. O fato é que, no momento presente, um papa do Sul levou consigo uma tradição eclesial local, formada na periferia do poder central da Igreja; poder milenarmente consolidado com suas estruturas e com seu *modus operandi*. No âmbito dessa estrutura, toda conjuntura que venha a ser construída corre o risco de configurar-se como temporária e sem efeitos organizacionais concretos. Há quem, de fato, esteja convicto de que a Igreja estaria vivendo nada mais que um momento fugaz com o atual pontificado. A aposta na continuidade das estruturas e das práticas subjaz, muitas vezes, como razão das indiferenças às chamadas do papa à conversão geral e radical da Igreja.

Tendo em vista esses dados e interrogações, a presente reflexão se encaminha a partir de três tópicos principais. O primeiro expõe uma lembrança necessária: a Igreja Católica construída a partir do Norte, na longa temporalidade que forma o Ocidente. Se hoje as Igrejas do Sul chegam ao poder e à inteligência central da Igreja é preciso, antes, relembrar sua afinidade eletiva com a história de formação geopolítica do Ocidente a partir da Europa latina. O segundo tópico expõe o movimento de deslocamento inaugurado pelo Vaticano II, quando, então, a reflexão eclesiológica repensa a natureza e as funções das Igrejas locais no conjunto da Igreja universal. O terceiro tópico, composto dos dois últimos itens, busca no evento Francisco as condições e a possibilidade de uma emergência das Igrejas do Sul no âmbito do papado. As reformas em curso têm tocado, antes de tudo, o campo do pensamento – da cultura católica – e provocado mudanças significativas. As estruturas eclesiais centralizadas permanecem com seus mecanismos e funções, reproduzindo os esquemas antigos. Os ventos do Sul têm soprado sobre essa ossatura rígida. Os frutos plenos das renovações em curso ainda estão por amadurecer.

1. A construção e a expansão da Igreja a partir do Norte

A longa história de institucionalização do cristianismo trilhou caminhos diversos, no interior dos quais encontrou referências sociais, políticas e culturais para a sua progressiva organização. Por esses caminhos foram formulados a doutrina, as normas e os papéis, à medida que se construíam as próprias estruturas e regras de funcionamento da Igreja. A consolidação da tradição cristã-católica ocorre na relação direta com os mecanismos de organização da Igreja, ora como maneira de garantir o seu poder como autoridade detentora da verdade transmitida do passado, ora como fruto da própria organização que formula o seu fundamento. Duas dinâmicas podem ser observadas nesse processo racionalizador: uma primeira de mudanças, quando os modelos de organização adquirem novas estruturas e novos modos de funcionamento como resultado de assimilações do seu entorno; e uma segunda de consolidação e permanência dessas estruturas e desses funcionamentos. Há, de fato, um cristianismo que sai muito cedo da estabilidade institucional do judaísmo e se reinventa no contexto das cidades gregas, na condição de portadores de uma novidade e, pouco depois, de grupo religioso ilícito dentro da política romana. Na sequência, um cristianismo helenizado romaniza-se, então, como religião permitida (313) e, logo em seguida, como religião oficial (380) dentro do Império Romano. Já bem perto de nós, no epicentro do Vaticano II, a Igreja se dispõe a dialogar com os tempos modernos e lança as bases doutrinais para uma mudança de suas normas e estruturas. Em grandes linhas, pode-se dizer que, da primeira e segunda fases, a Igreja guarda suas fontes, as Escrituras e a Tradição primitiva; da terceira, conserva suas estruturas com os referidos ministérios e muitas das suas normas; da quarta, lança o convite a sintonizar-se de modo empático e dialogal com a sociedade, com os demais cristãos e com as religiões. O cristianismo judeu-grego constituiu-se na força de seu carisma fundante e como resultado dos esforços dos primeiros líderes em construir uma identidade própria para o grupo de seguidores de Jesus Cristo. Pode-se falar, portanto, de um movimento religioso oriental que avança para dentro do Império Romano e aí se consolida como uma instituição bem estruturada e de longuíssima duração. Trata-se de um cristianismo ocidentalizado que define as suas instituições – papado, Cúria Romana, organização territorial e fundamentação jurídica –, em uma dialética com a formação das próprias instituições sociais, políticas e jurídicas ocidentais.

1.1 A formação de uma instituição ocidental

É precisamente esse cristianismo que vai configurando a Igreja Católica Apostólica, distinta de outras expressões cristãs, e, em seguida, a Igreja Católica Apostólica Romana, distinta dos catolicismos orientais. Nesse sentido, a Igreja Católica é um produto histórico construído dentro do processo de formação do Ocidente, especificamente de formação da Europa, mais especificamente de construção da Europa latina e, em última instância, de formação da geopolítica da península itálica. Fora desse processo de formação geopolítica e de invenções institucionais, torna-se impossível entender e fazer afirmações sobre a organização institucional da Igreja Católica de ontem e, evidentemente, de hoje. A Igreja Católica é, ao mesmo tempo, produto endógeno e sujeito político ativo da formação ocidental (cf. NEMO, 2005, p. 59-76). Sem o Império Romano não é possível entender a organização territorial e jurídica da Igreja (as arquidioceses, as dioceses, as paróquias e a codificação jurídica). Sem as monarquias não se pode pensar na estrutura hierárquica católica (papado e a organização episcopal e o clero de um modo geral), nos rituais de ordenação (a inserção do candidato na ordem e as promessas) e nos processos canônicos que normatizam as estruturas e as práticas pastorais (cf. TABORDA). Também, sem a formação das burocracias modernas, não se entende a estrutura administrativa da Cúria Romana, enquanto máquina burocrática formada ao redor do bispo de Roma com seus territórios pontifícios, com suas coletorias, com seus tribunais distintos (e semelhantes) dos tribunais do poder civil. É nesse sentido que Max Weber fala da Igreja Católica como uma das primeiras burocracias modernas bem-sucedidas (cf. 1982, p. 238-243).

Essa estruturação eclesiástica não está, evidentemente, desconectada da compreensão e das práticas eclesiais. Em outros termos, observa-se que: organização institucional e organização pastoral se estruturaram em estreita sintonia; fundamentação jurídica e formulação eclesiológica são dimensões que se complementam como fundamentos de um modo de pensar e organizar a mesma vida da Igreja; instituição hierárquica e carisma ministerial estão igualmente vinculados em um mesmo regime de papéis a serem executados no corpo eclesial; poder administrativo centralizado (na Cúria Romana e nas cúrias locais) vincula-se ao exercício pastoral descentralizado nas comunidades eclesiais localizadas nas mais diversas realidades do planeta. É dentro desse corpo institucional historicamente construído em sintonia com o tempo e o espaço de formação das instituições ocidentais que subsiste o Corpo místico de Cristo; é também por dentro das codificações canônicas que se vivem a espiritualidade, a liturgia e as múltiplas relações intereclesiais.

1.2 A expansão de uma identidade

A Igreja Católica construiu sua identidade institucional na relação direta com as instituições ocidentais e também se expandiu juntamente com o Ocidente, compondo os territórios estatais por meio de alianças entre os poderes espiritual e temporal. Conquistou, assim, junto com as nações europeias, os novos territórios do novo mundo e padeceu de todas as suas mazelas durante as revoluções modernas, que foram reconfigurando todos os aspectos da vida a partir da Europa central. A Igreja latina, europeia e itálica vai sendo implantada onde e quando os países europeus chegam com suas armas e com seus projetos colonialistas. Já não fora diferente o grande projeto das cruzadas na direção do Oriente.

A dilatação do Reino de Cristo na Terra por meio da parceria Igreja-Estados não somente afirma uma identidade europeia como vai expandindo essa identidade para os quadrantes do planeta sucessivamente dominados. A geopolítica mundial moderna, estruturada na relação de dependência e, em muitos casos, de domínio absoluto entre os países do Norte (donos) e as terras do Sul (dominadas), inclui, evidentemente, a Igreja Católica, com todas as suas estratégias de evangelização. Ademais, nos tempos modernos, a identidade católica havia passado por uma crise de fato depuratória no contexto da reforma protestante. O Concílio de Trento proporcionara uma reforma interna que estabelecia regras claras e rígidas à estrutura organizativa, à disciplina do clero, à catequese, à liturgia e à teologia. Era um Concílio que executava uma reforma capaz de concluir um processo de institucionalização nos campos do pensamento (a escolástica), da norma jurídica (as regras canônicas), da disciplina (do clero e dos fiéis), da liturgia e das devoções (as rubricas) e da educação da fé (o catecismo romano). O catolicismo que se expande para as terras do Sul não deixa dúvidas quanto a sua identidade e, por conseguinte, quanto ao modelo de Igreja a ser implantado (cf. LIBÂNIO, 1984, p. 38-77). Ainda que a implantação do modelo tridentino tenha ocorrido como um processo lento e contraditório nas terras do novo mundo, ele firma-se sempre mais como uma identidade que se expande a partir de um comando central da Igreja. A expansão da Igreja Católica ocorre, portanto, como um projeto que vem de uma gestão central que opera com regras comuns e que dilata e impõe a sua identidade aonde chega, em detrimento das culturas locais e, quase sempre, em franca oposição aos catolicismos locais historicamente constituídos (cf. OLIVEIRA, 1985, p. 279-296).

1.3 A afirmação do governo central

O Concílio Vaticano I acrescenta um elemento importante na identidade católica já rigidamente estruturada e que reforçará a prática centralizada do governo sediado em Roma. Ocorre uma inversão na qual o papa deixa de ser o papa da Igreja e a Igreja passa a ser a Igreja do papa. O dogma da infalibilidade papal, uma exceção exercida pelo Magistério petrino em raros casos, torna-se como que o fundamento regular da práxis eclesial. O papa torna-se efetivamente o vigário de Cristo na Terra, do qual emanam as regras e orientações, sobretudo por meio do gênero encíclica que se avoluma e multiplica, e os bispos, espécies de funcionários locais do vicariato papal e os padres, por sua vez, funcionários dos bispos nas paróquias (cf. QUINN, 2002, p. 82-89). O regime praticado é da hegemonia da Igreja universal, sem nenhuma relevância teológica das Igrejas locais; estas são unicamente expressões daquela, sem o que perdem suas legitimidades e identidades. A Igreja da segunda metade do século XIX até a metade do século XX se estruturou e funcionou nesse modelo hierarcológico que se sustentava, evidentemente, como uma eclesiologia do poder descendente que começa em Jesus Cristo, concretiza-se no Papa, passa pelo bispo e termina no presbítero. Mas tratava-se, de fato, de um modelo vinculado diretamente a Roma, não somente como Sé de Pedro, mas também como Cúria Romana e, até mesmo, como a mal resolvida cidade do Vaticano e, também, como aos papas pios e italianos. A teologia do papado definia, de certo modo, a teologia de toda a Igreja. A Cúria Romana administrava toda a Igreja. A tradição latina tornou-se praticamente universal. A recepção do Vaticano I concretizou e cristalizou uma concepção/prática eclesial de uma Igreja que se reproduz sobre si mesma, enquanto o mundo moderno avançava no confronto com as diversidades e, por conseguinte, na busca de consensos que superassem os conflitos e garantissem direitos iguais.

2. A Igreja em movimento centrífugo

Na expressão do perito e cronista conciliar Boaventura Kloppenburg, o Vaticano II "arrombou muitas portas" (1964, p. 13) da Igreja estabelecida e estável em seus modos centralizados de pensar e agir e em seu *éthos* latino. Esse modelo foi sendo substituído por outro que avançava para a colegialidade, para a comunhão de diversidades de funções e para a prática do serviço ao ser humano, e se mostrou claro e definido tanto no processo quanto no resultado conciliar. Abria-se, a partir daí, uma nova etapa para a compreensão e as práticas eclesiais que possibilitavam uma eclesiologia fundamental do povo de Deus e da comunhão dos batizados em Jesus Cristo, e, por conseguinte, a compreensão eclesiológica de uma Igreja universal feita por meio de Igrejas particulares concretas e vice-versa, e não de uma universalidade eclesial pura que precederia dogmática e institucionalmente as Igrejas locais como fonte primeira (cf. KASPER, 2012, p. 345-349). Esse princípio eclesiológico assim renovado traduz-se geográfica, política e institucionalmente na vida efetiva da comunidade eclesial: a Igreja expressa-se, de fato, como universal, na medida em que se concretiza nos tempos e nos espaços definidos e aí se organiza em suas estruturas e funções. É nesse sentido que, desde então, se pode falar legitimamente em Igrejas do Sul, como sugere o título deste ensaio. A Igreja sai de sua centralidade estabelecida e autorreferencial e assume um dinamismo de universalidade concretizada na localidade, de discernimentos dos sinais dos tempos em cada época e lugar (GS 4,11), de diálogo com as múltiplas realidades e de serviço a todos os seres humanos (GS 2-3). A eclesiologia conciliar agrega as dimensões da graça e da história, na medida em que se abre para uma dimensão de mistério que transcende todas as estruturas e funções e para a concretude do povo de Deus, bem como afirma a razão de toda instituição hierárquica no serviço ao povo de Deus.

O Vaticano II lançou a Igreja na direção do mundo como lugar concreto de realização de sua missão e, nesse lugar necessariamente diversificado, foi sendo recepcionado e interpretado. A ausência de uma regra oficial e única de interpretação das decisões conciliares, como ocorrera em outros Concílios – como o emblemático tridentino –, só podia abrir espaço para a pluralidade de práticas e interpretações localizadas, seguindo o próprio espírito do Concílio. Por certo, a experiência conciliar proporcionara na teoria e na prática uma consciência mais clara do papel dos episcopados em suas realidades nacionais e em suas Igrejas particulares. O exercício concreto da colegialidade nas discussões e decisões conciliares e o diálogo exercitado como método naquela imensa assembleia composta de diferentes sujeitos e realidades proporcionaram um salto na consciência teológica, eclesial e pastoral dos pastores, o que veio traduzir-se, em muitos casos, em assembleias regionais destinadas a recepcionar o Concílio com a mesma regra e vigor do grande Sínodo. A missão de aplicar o Concílio nas realidades locais possibilitou, de fato, o exercício concreto de uma colegialidade local, como também a construção gradativa de tradições eclesiais locais ou de Magistérios locais que passam a falar de modo autorizado e qualificado sobre a missão da Igreja nessas realidades. As Igrejas do Sul nasceram, assim, como um fruto espontâneo do Vaticano II e, desde as suas localidades geográfica, social e cultural, emergiram como lugares eclesiológicos vocacionados a oferecer ao conjunto da Igreja suas contribuições na edificação do patrimônio comum da pastoral e da doutrina.

Entretanto, nesse processo instaurou-se uma tensão que se tornou cada vez mais explícita entre as Igrejas locais, que acolhiam as orientações conciliares como um carisma a ser levado adiante em cada realidade particular, e o governo central – papa e Cúria Romana –, que entendia essa recepção descentralizada como dispersão e, por conseguinte, buscava novamente a comunhão em torno de ideias e normas centrais, expressas na uniformidade da teologia, da lei, da liturgia e até mesmo de uma estética padronizada (cf. LIBÂNIO, 1984). As Igrejas do Sul eram vistas, no caso, como riscos de dispersão da unidade da fé, gerida pela unidade de governo por parte do sumo pontífice com seu aparato curial. Não se tratou, desde então, somente de uma questão política de exercício de poder magisterial, mas também de uma luta entre a criatividade eclesial herdada do espírito conciliar e a conservação afirmada com toda força da tradição e da vigilância dogmática (cf. FAGGIOLI, 2013).

O fato é que, precisamente como fruto da recepção/ interpretação do Concílio Vaticano II, consolidam-se não somente experiências eclesiais locais, marcadas pela consciência de autêntica pertença eclesial à Igreja de Jesus Cristo, como também reflexões eclesiológicas que vão sendo formuladas em sintonia com tradições eclesiológicas que da mesma forma se consolidam mediante declarações dos Magistérios locais. A América Latina constitui, por certo, o exemplo mais emblemático de espaço de construção dessa nova dinâmica eclesial/eclesiológica que, desde o final da década de 1960, se torna sempre mais sólida e visível. A pastoral, a teologia e o Magistério das Igrejas latino-americanas concretizaram uma Igreja local com rosto próprio, fruto do impulso conciliar que afirmou ser a Igreja o conjunto do povo de Deus presente na história, que convocou a todos para a leitura dos sinais *dos tempos* em cada tempo e lugar, que afirmou a missão servidora da Igreja, de modo particular aos pobres, e que insistiu na colegialidade dos bispos e nas formas de organização local (cf. CD 4; 36-41). A Igreja inserida no mundo construiu Igrejas locais introduzidas na condição de vida do povo; condição essa historicamente marcada pela pobreza e pela miséria, culturalmente feita de sincretismos e politicamente ansiosa de libertação. Nessa realidade, as Igrejas discerniram concretamente os sinais dos tempos, assumiram as angústias dos povos por meio da opção pelos pobres, lançaram-se nas lutas pela justiça com os diversos sujeitos sociais, na defesa da ecologia e na acolhida das culturas locais. Esse movimento de eclesiogênese (cf. BOFF, 1977; 1991) ocorre na clara consciência da missão da Igreja no mundo como sinal e promotora do Reino de Deus e de exercício de colegialidade eclesial. Com as devidas diferenças locais, o Vaticano II concretizou-se eclesiologicamente de maneira viva e dinâmica na América Latina e em outros territórios do Sul do planeta. A realização dos Sínodos continentais e nacionais, as assembleias dos episcopados, os encontros eclesiais nacionais envolvendo o conjunto do povo de Deus, as assembleias pastorais das Igrejas locais e das pequenas comunidades eclesiais fizeram emergir a consciência concreta do *ser Igreja* por parte de cada fiel e do conjunto eclesial e, ao mesmo tempo, a experiência de uma vida eclesial local.

Há que acrescentar a essa mudança eclesial um dado demográfico vinculado naturalmente a uma tendência sociocultural que já se podia constatar, de modo particular, no hemisfério Norte, nos tempos conciliares e, sobretudo, nas décadas seguintes. A Igreja Católica se desgasta no mesmo ambiente que a gerou com suas tradições e estruturas, a Europa, enquanto mantém maior vitalidade no hemisfério Sul. As estatísticas revelam o decréscimo contínuo do número de fiéis no hemisfério Norte e, sobretudo, na Europa, enquanto os dados se invertem na América Latina, no decorrer do século XX. Dados da *Rew Research Center* mostram que, em 1910, 65% dos católicos estavam na Europa, enquanto 24% na América Latina. Já em 2010, 24% residem na Europa e 39% na América Latina. A pesquisa mostra também que houve crescimento no número de católicos na Ásia-Pacífico e na África subsaariana, passando de 5% a 12% no decurso do mesmo século (cf. exame.abril.com.br de 22/07/2013). A "Igreja Católica europeia" conviveu com essa tendência numérica durante o século passado e buscou formas de reconhecer a importância do fato, ainda que de forma indireta e tímida. A organização das Conferências nacionais e continentais dos episcopados já antes do Vaticano II indicava a necessidade de buscar formas mais adequadas de responder às exigências locais, mesmo que dentro do modelo eclesial centralizado que vigorava como regra e prática universais. A Ação Católica ofereceu, certamente, um significativo contributo nesse processo de tomada de consciência dos desafios locais com suas metodologias afinadas com a realidade e com sua própria organização, estruturada numa sintonia orgânica entre um governo central e os governos nacionais, regionais e locais. O fato é que, no período pós-conciliar, as Igrejas do Sul adquiriram fisionomias próprias a partir de práticas eclesiais, de reflexões próprias e de declarações oficiais que foram edificando suas tradições. As Igrejas locais da periferia concretizaram o princípio conciliar segundo o qual as Igrejas particulares são "formadas à imagem da Igreja Universal nas quais e pelas quais existe a Igreja Católica uma e única" (LG 23). O Papa Francisco emerge como consciência dessa eclesiologia colocada em prática.

3. Um papa do Sul com suas idiossincrasias eclesiais

Já se sabe que o Papa Francisco foi escolhido em um contexto de grave crise da Igreja, envolvendo de modo direto e visível a Cúria Romana. Tratava-se de uma crise sem precedentes que colocava em risco a legitimidade do governo central, assim como de membros de clero de modo geral. É, de fato, impossível entender o propósito renovador e o próprio perfil do papa – sua personalidade e o seu ministério – sem essa crise que o gerou politicamente. Em termos weberianos, significa afirmar que o líder carismático emerge precisamente de dentro da indigência política pela qual passa uma instituição (cf. WEBER, 1997, p. 848). Uma crise política expõe os limites dos líderes e das instituições em continuar operando como legítimas e abre espaço para a renovação. É quando entram em cena os projetos e os personagens investidos da missão de renovação e, portanto, situados fora dos quadros institucionais defensores, por princípio, da continuidade. A opção política pela continuidade torna-se ilegítima quando a consciência da crise atinge seu ápice (em sua origem médica, o termo *krisis* em grego significa exatamente ponto crítico de onde se permite realizar um diagnóstico) e solicita como saída dessa saturação um novo viável para que a instituição possa continuar existindo e cumprindo sua missão (cf. PASSOS, 2015, p. 13-28). O novo se torna legítimo por que necessário. A renovação se impõe como saída única para a continuação de determinado projeto. Os grandes líderes renovadores emergem nessa dinâmica e se apresentam como reformadores de estruturas desgastadas e propositores de uma nova forma de viver para a instituição ou para determinado projeto. No caso das religiões e, de modo particular do cristianismo, a reforma significa precisamente uma afirmação das fontes originais do grupo, de uma volta ao carisma *in statu nascendi*, como parâmetro primeiro que legitima os projetos reformadores. Nesse sentido, a renovação se mostra necessária e legítima como continuadora de uma tradição de suas fontes; o Papa reformador assim se apresenta em nome de uma referência maior que vem das fontes da fé, do "coração do Evangelho", dirá Francisco (cf. EG 34, 36, 130, 177 e 178).

O Cardeal Bergoglio, eleito Papa Francisco, pode ser visto como um líder carismático que vem de fora dos quadros curiais e, a partir desse lugar histórico, pensa a si mesmo, seu ministério e a própria Igreja. Um *outsider* legítimo vindo do "fim do mundo", ponto equidistante do centro da crise e, por conseguinte, fonte de referências para seu modo de pensar e governar a Igreja. Com Francisco, as Igrejas locais chegam de corpo e alma ao papado e se tornam logo referência para o exercício do ministério petrino não somente como dado inevitável da personalidade eclesial latino-americana, mas como uma opção de exercício do mesmo ministério.

Mas há que ressaltar que a presença direta ou indireta das Igrejas do Sul na inteligência central da Igreja já constitui um dado eclesial inevitável nas décadas posteriores ao Concílio, seja por meio da liderança de bispos que se manifestavam em nome da Igreja e se faziam ouvir nas assembleias sinodais, seja pelas temáticas teológicas e pastorais que ecoavam a partir das periferias como relevantes para a reflexão e para a doutrina da Igreja universal. Foi esse o caso de temáticas como as da opção pelos pobres, da cultura, da política e do diálogo inter-religioso. Ainda que de modo dialético, ou seja, sofrendo releituras, correções e até condenações, essas temáticas foram gradativamente incorporadas ao vocabulário do Magistério papal e de muitos documentos oficiais emitidos pelas Congregações romanas. Os Magistérios de João Paulo II e Bento XVI expressam paradoxalmente essa circularidade entre questões emergentes das Igrejas do Sul e do Magistério papal. A eleição do cardeal argentino trouxe à tona essa relação real, porém até então mantida sob os processos de legitimação do governo central da Igreja. A descentralização será, de fato, assumida pelo novo papa como necessária para a vida da Igreja.

3.1 Francisco é Bergoglio

O Papa Francisco é filho da era Vaticano II e traz consigo a experiência eclesial da América Latina. Contudo, o fato concreto e inédito do papa jesuíta, latino-americano e argentino poderia não significar nada em termos de presença das Igrejas do Sul no governo central da Igreja, como parece ter significado pouco ou quase nada a presença de um papa alemão que havia participado da renovação da teologia antes e durante o Concílio Vaticano II. Isso significa que o fato

Francisco aponta para um outro dado fundamental: trata-se de um papa que assume seu lugar eclesial como referência para o exercício de seu ministério, mas, antes disso, de um cardeal que viveu seu ministério inserido na tradição eclesial latino-americana. Não será necessário discorrer sobre personalidades episcopais que vivem em suas Igrejas como que de corpo presente, adotando como referência unívoca de seu ministério a mentalidade e a prática emanadas do governo central da Igreja. O Cardeal Bergoglio não se afina com esse perfil, mas, ao contrário, vive a tradição da fé não como reprodução intacta – do passado e da literalidade dos textos e das leis canônicas –, mas como transmissão feita a partir do discernimento de cada realidade. Sem essa postura mais fundamental, haveria mais um papa governando em nome de uma tradição a ser preservada, com uma estrutura a ser mantida e com normas a serem coordenadas. A postura de discernimento, certamente filha comum da espiritualidade inaciana, da leitura dos sinais dos tempos do Vaticano II e do método ver-julgar-agir, constitui a espiritualidade e o método que permitem a Bergoglio levar até o papado um modo de pensar e de governar a Igreja que rompe com o exercício do ministério papal a partir de um *modus operandi* centralizado e centralizador que resiste na tradição estável na Cúria Romana. De fato, nas Congregações pré-conclave o Cardeal Bergoglio havia criticado fortemente a "autorreferencialidade da Igreja, fonte dos males eclesiais", e afirmado a importância da "periferia geográfica e existencial" no processo de renovação eclesial na direção da colegialidade (cf. LEGRAND, 2013, p. 71).

O novo papa levou consigo sua experiência eclesial da periferia latino-americana e sua índole jesuíta, ambas revestidas simbolicamente com a figura de Francisco, o santo pobre dos pobres, o amante da natureza e reformador da Igreja. A síntese não poderia ser outra senão a de um personagem carismático reformador que vive o ministério como serviço e não como poder, como *primus inter pares* e não como imperador, como missão de renovar em nome da fé e não de preservar em nome da tradição fixa.

3.2 Bergoglio é Francisco

O novo papa assume, portanto, um novo modo de exercer o ministério. A partir das suas primeiras aparições e declarações, surpreendeu a todos, invertendo o ritual da primeira bênção papal, se autodenominando bispo de Roma, mudando de residência e quebrando os protocolos. Mas, além desses gestos renovadores, apresentou-se, de fato, como papa reformador, a começar pela explicação dada sobre o nome adotado, passando pelos discursos que foram sendo feitos até a publicação de sua Exortação programática *Evangelii Gaudium*. A reforma tem sido, desde então, a tônica do personagem socialmente construído. Ainda que, de fato, se possa falar em exercício ambíguo de poder mediante o carisma renovador praticado dentro de uma burocracia tradicional, Francisco inaugura uma prática nova do papado e que carrega promessas de reformas efetivas nas estruturas da Igreja. Se a máquina curial continua funcionando com sua lógica tradicional, o novo papa dedica-se a demarcar posturas novas enquanto tal, não poupando críticas a sua própria Cúria e adotando posturas mais severas em relação aos desvios morais dos clérigos. Essas posturas pouco afinadas com o exercício do poder burocrático, destinado por missão a manter o funcionamento institucional e sua boa aparência pública, expressam um modo de ver e governar a Igreja a partir de seu conjunto diversificado, e não de sua unidade central e supostamente sinônima de universal. A *programática Francisco* traz consigo o símbolo da renovação da Igreja a partir da periferia, e não do centro da máquina administrativa. Com certeza, o santo pobre de Assis é portador do carisma evangélico do serviço, que rompe com todas as formas de poder que dispense o diálogo e que se imponha como lei geral e fixa que negue a vida com sua concretude.

Contudo, do ponto de vista político, um papa reformador carregará a marca da ambiguidade no exercício de sua função. Tratar-se-á sempre de uma espécie de duplicidade de poder, uma vez que o carisma da mudança que rompe com os padrões estabelecidos convive inevitavelmente com os poderes instituídos que governam a máquina burocrática. Nesse sentido, o Papa Francisco será condenado pelos juízos extremos: dos institucionais que o veem como irresponsável e herético e dos renovadores que o veem como mediador e conformado às estruturas. Mas o Papa não sacrificou o Cardeal Bergoglio em nome da instituição a que se dedica. Como ele próprio declarou, o novo ministério não mudou suas convicções e práticas (cf. entrevista ao jornal *La Nación* de 14 de dezembro de 2014). A circularidade entre os dois personagens constitui uma opção psicoespiritual da qual decorre, ou com a qual se relaciona, uma circularidade ministerial: entre o governo central e as Igrejas locais, entre o universal e o local, entre a unidade e a diversidade, entre a instituição e o carisma etc. Essa postura parece não se tratar somente de um *modus operandi*, mas também ao mesmo tempo de uma convicção eclesiológica fundamental: do institucional que deve orientar-se pelo carisma, do Papa que deve governar colegiadamente, da tradição que deve ser transmissão e não conservação, do poder que deve reger-se pelo serviço. É a partir dessa postura que se podem compreender as relações entre as Igrejas das periferias e o governo central no ministério franciscano.

4. O ministério papal franciscano

O Vaticano II traduziu a eclesiologia fundamental do "povo de Deus" em uma teologia do ministério episcopal: a teoria e a prática da colegialidade (cf. LG). Essa tradução coerente rompeu com a teologia e a prática do ministério episcopal definida e praticada pelo Vaticano I, que entendia o bispo como mero coadjutor do Pontífice romano. Porém, o Vaticano II não foi até o fim das exigências operacionais de sua eclesiologia, mantendo quase intactas as estruturas e o funcionamento do governo papal e da Cúria Romana. Os padres conciliares haviam pensado em uma reforma condizente do governo papal e, por conseguinte, da Cúria. Alguns padres haviam pensado em um governo papal colegiado composto de representantes dos episcopados de diversas partes do mundo e cujo exercício estivesse acima dos Dicastérios curiais (cf. MELLONI, 2013, p. 45-46; QUINN, 2002, p. 188). Porém, na sequência, o ministério papal e a lógica do governo central curial permaneceram a mesma, sob a deliberada regência de Paulo VI. A colegialidade permaneceu como um princípio eclesiológico e como exercício de decisão praticado nos sínodos locais e mundiais, sob a ponderação do governo central da Igreja. As reformas sofridas pela Cúria no pós-concílio não criaram as condições para um governo colegiado que pudesse, de fato, estabelecer uma circularidade entre os poderes locais e um poder universal. A presença de prelados advindos dos diversos continentes nos Dicastérios da Cúria Romana não significou mais que uma representatividade simbólica, uma vez que o *modus operandi* do governo universal da Igreja permaneceu centralizado como antes. A Cúria Romana não passou pelas reformas conciliares e as Igrejas locais permaneceram sob a vigilância e, muitas vezes, sob a regência direta do papa, quando não dos órgãos da Cúria.

A crise que desembocou na saída do Papa Bento XVI está diretamente relacionada com esse modelo de governo central e centralizador da Igreja, embora muitas vezes seja interpretada como uma questão pessoal do papa velho e cansado ou, então, como uma questão meramente moral relacionada aos escândalos envolvendo membros da alta hierarquia e da própria Cúria. O governo central implodiu sob as forças internas que o comandavam, ao minar o exercício do poder papal. A falta de condições para governar levou o papa institucionalmente enquadrado e historicamente curialista a sair melancólica e sabiamente de cena. E o próprio Bento XVI falava na ocasião da necessidade de uma reforma da Igreja, segundo o espírito do Vaticano II. Nessa conjuntura, o Papa da conservação só pôde passar ao seu sucessor o bastão da reforma.

4.1 Dos escombros da centralização

O novo bispo de Roma emerge, portanto, dos restos de um modelo politicamente deteriorado, precisamente do qual advém a legitimidade de governo perante a sociedade e perante a própria Igreja. As congregações que antecederam à eleição papal e o próprio resultado do Conclave que escolheu um candidato não alinhado à Cúria revelaram uma opção (ou, para alguns, uma falta de opção) de ruptura de rota na direção de uma renovação urgente da

Igreja. Na programática de Francisco, a Igreja deverá *estar em saída*. Sob esse dinamismo básico, todas as estruturas e ações devem passar por mudanças. A *Igreja que sai* rompe com a *Igreja que fica* e coloca-se em um movimento de descentralização, como bem posiciona o papa. Trata-se de um movimento que inclui e, em certa medida, começa pelo próprio papado:

> Dado que sou chamado a viver aquilo que peço aos outros, devo pensar também numa conversão do papado. Compete-me, como Bispo de Roma, permanecer aberto às sugestões tendentes a um exercício do meu ministério que o torne mais fiel ao significado que Jesus Cristo pretendeu dar-lhe e às necessidades atuais da evangelização. O Papa João Paulo II pediu que o ajudassem a encontrar "uma forma de exercício do primado que, sem renunciar de modo algum ao que é essencial da sua missão, se abra a uma situação nova". Pouco temos avançado neste sentido. Também o papado e as estruturas centrais da Igreja universal precisam de ouvir este apelo a uma conversão pastoral. O Concílio Vaticano II afirmou que, à semelhança das antigas Igrejas patriarcais, as conferências episcopais podem "aportar uma contribuição múltipla e fecunda, para que o sentimento colegial leve a aplicações concretas" (EG 32).

Trata-se também de um exercício de governo colegiado da Igreja que repensa as regras e o modo concreto de governar, que inclui no exercício do papado a participação dos episcopados locais:

> Mas este desejo não se realizou plenamente, porque ainda não foi suficientemente explicitado um estatuto das conferências episcopais que as considere como sujeitos de atribuições concretas, incluindo alguma autêntica autoridade doutrinal. Uma centralização excessiva, em vez de ajudar, complica a vida da Igreja e a sua dinâmica missionária (EG 32).

A descentralização do governo da Igreja constitui o caminho necessário para a realização de sua própria universalidade, quando o primado do bispo de Roma se faz na comunhão com os demais bispos do mundo, ou seja, a unidade garantida pelo ministério petrino só existe em relação às diversidades eclesiais locais. Nesse sentido, o papado é convidado a converter-se exercendo a colegialidade.

4.2 A colegialidade em prática

A descentralização não constitui unicamente uma dinâmica inerente ao exercício do primado petrino, conforme afirma o papa, mas já se mostra na prática. Os dois principais Documentos promulgados por Francisco adotam fundamentalmente o método ver-julgar-agir em consonância direta com a tradição latino-americana e cuidadosamente se vinculam às fontes dos Magistérios locais: a textos das conferências episcopais continentais e nacionais. O estilo tradicional predominante nos textos do Magistério papal, que reproduz abundantemente o ensino dos papas (como diz meu predecessor!), tem sido, de fato, modificado por esse que opta por uma descentralização das fontes ou por um exercício colegiado do Magistério papal. A Exortação *Evangelii Gaudium* recorre aos textos pós-sinodais dos diversos continentes (*Ecclesia in Oceania*, 3X, *Ecclesia in África*, 2X, *Ecclesia in Ásia*, 8X, *Ecclesia in America*, 1X, *Ecclesia in médio Oriente*, 1X), bem como a Documentos das Conferências Episcopais (na sequência, as seguintes Conferências: Estados Unidos, Brasil, França, Filipinas, Estados Unidos, Congo e Índia). De igual maneira, a Encíclica *Laudato Si'* foi elaborada nessa sintonia com as diversidades eclesiais. Como se sabe, o próprio Francisco buscou subsídios em reflexões/

teólogos do Sul para fundamentar a temática ecológica (cf. Entrevista ANSA BRASIL de 07 de agosto de 2015). O texto faz 21 referências a Documentos de Conferências continentais e nacionais, trazendo presente os 5 continentes e textos de 16 Conferências nacionais, das quais 8 latino-americanas (cf. MIRANDA, 2018).

Não se trata, evidentemente, de uma mera opção de descentralização das fontes ou de uma busca de representatividade dos episcopados locais na Cúria, o que não seria pouco, mas, antes de tudo, de uma postura que acolhe eclesialmente as tradições das Igrejas locais e estabelece uma circularidade que integra o central e o local como dimensões de uma mesma Igreja universal e como exercício concreto de consenso eclesial.

Francisco não somente veio do Sul, do "fim do mundo", mas também se descolou do centro político da Igreja, desde o momento de sua eleição. Sua opção de residência fora do Palácio Apostólico e a postura crítica em relação às estruturas e funcionamento da Cúria (cf. Homilia *À Cúria Romana para as felicitações de Natal*, de 22 de dezembro de 2014. In: Francisco/Discursos. *W2 Vatican.va*) revelam de modo inequívoco este deslocamento. A Cúria sofre de doenças que devem ser superadas com novas posturas de seus membros e com reformas urgentes. Portanto, as anunciadas reformas estruturais do centro têm sido provocadas a partir de referências externas, advindas das Igrejas locais e, de modo particular, da América Latina de Bergoglio. Não é a primeira vez que isso ocorre. Salvas todas as diferenças de tempo e de projetos, o Papa Gregório VII fez suas reformas a partir de referências externas à rotina eclesiástica do papado de então e de sua Cúria. O Vaticano II foi também fruto de decisões e de processos conduzidos por João XIII sem a decisão direta da Cúria; na verdade, contra a vontade da maioria de seus Dicastérios. Foi certamente as experiências de Roncalle no fim do mundo cristão latino (na Bulgária e na Turquia), no fim do mundo medieval (na moderna Paris) e no limite do mundo europeu (a relação direta com as duas grandes guerras) que lhe permitiram perceber a necessidade de *aggiornamento* da Igreja. Um papa curial veria as estruturas centrais da Igreja e a própria Igreja com outros olhos: precisamente com a visão da estabilidade e da conservação. O Papa Francisco, que vem de fora do centro burocrático do poder, está habilitado a falar *de dentro* e *por dentro*, porém na condição de um membro *de fora* e que fala a partir *de fora*: na perspectiva dos que estão de várias formas de fora da rotina da Igreja, de fora do regime econômico gestado a partir do Norte, dos que pensam de fora do pensamento oficial da Cúria etc.

5. As influências das Igrejas do Sul por diversos caminhos

Seria politicamente estúpido e teologicamente antieclesial pensar em revanche das Igrejas do Sul. Não estamos diante de um movimento político deliberado de novos protagonistas eclesiais advindos do Sul e muito menos diante de uma tomada do poder à maneira das revoluções políticas modernas. Também é verdade que, do ponto de vista sociopolítico, os processos de confronto entre as diferenças ocorrem de maneira dialética e complexa, acionando uma circularidade que inclui rejeições mas também trocas, traduções e assimilações, o que na cultura católica adquire sua máxima expressão. Foi precisamente o caso da implantação-recepção do Concílio de Trento em muitas partes do planeta, bem como dos processos de evangelização nas diferentes culturas no passado e no presente. Longe de qualquer configuração homogênea, o resultado foi, ao contrário, a construção de práticas sincréticas e de modelos políticos negociados. A romanidade da Igreja não é outra coisa. Também na negociação foram construídos os paradigmas agostiniano e escolástico em seus respectivos contextos e com suas matrizes teóricas completamente exógenas ao cristianismo.

A relação entre diversidades compõe a identidade católica, mesmo nos momentos em que a Igreja tende em seu conjunto para uma unidade mais uniforme. E não será difícil ler a sua história como um jogo pendular que alterna unidade e diversidade eclesiais ou, saída e volta da Igreja para si mesma. Ademais, da longa história eclesial é possível retirar distintos modelos de referência para as formulações, as práticas morais e para a própria organização da Igreja, como, de fato, têm feito os vários reformadores no momento de fundamentar seus projetos. É nessa circularidade dialética que as Igrejas do Sul se relacionaram com o governo central da Igreja, do ponto de vista metodológico, eclesial e institucional, a partir da conclusão do Concílio e no decorrer de sua recepção.

Não seria igualmente correto localizar a presença das Igrejas do Sul na conjuntura eclesial como um momento inédito, sem precedentes no passado. Ainda que Francisco tenha assumido deliberadamente um novo modo de se relacionar com as Igrejas locais, há que verificar, entretanto, os distintos modos de presença dessas Igrejas no seio do papado e da própria Cúria Romana.

Os Sínodos continentais, mesmo realizados em Roma e sob a chancela final do papa, traziam para dentro da Igreja universal as questões oriundas das problemáticas locais. As questões da pobreza, do domínio e exploração econômicos, da diversidade cultural, das religiões, da ecologia e outras foram pensadas ética e teologicamente pela Igreja como um todo e se tornaram patrimônio comum. As Conferências realizadas nos continentes, mesmo que muitas vezes sob a vigilância direta dos delegados papais – quando não curiais –, puderam contar com a presença do papa; presença que por si mesma não somente demonstrava o exercício afetivo e efetivo da comunhão universal e o reconhecimento da colegialidade local, como também a assunção de questões locais por parte do pontífice. Não é difícil encontrar na boca dos papas as questões e tradições locais, ao pronunciarem seus Discursos de Abertura dessas Conferências. Em Medellín, Paulo VI acolhe os desafios da situação latino-americana e impulsiona os bispos a se lançarem na luta pela justiça. Em Puebla, João Paulo II assume de modo explícito a questão da justiça social, o compromisso com os mais necessitados, a função social da propriedade, e constata o fato de haver "ricos cada vez mais ricos à custa de pobres cada vez mais pobres". Em Aparecida, Bento XVI faz uma teologia da opção pelos pobres, ao dizer que no "mais humilde encontramos Jesus e em Jesus encontramos Deus"; fala ainda em cultura da vida que deve superar a pobreza.

O saldo final da prática da colegialidade pode ser modesto para muitos. Porém, o fato é que o Magistério papal foi exercido em sintonia com as Igrejas locais. Por caminhos dialéticos e discretos, as Igrejas da periferia chegavam ao Magistério papal e imprimiam em seus textos resíduos de suas vivências e formulações. De fato, no período pós-conciliar os papas puderam contar com a contribuição das Igrejas locais no seu exercício de uma maneira mais visível do que na fase pré-conciliar marcadamente europeia, latina e itálica. Paulo VI assume as questões do então chamado terceiro mundo na *Populorum Progressio* e fala das Comunidades Eclesiais de Base na *Evangelii Nuntiandi*. O Magistério social de João Paulo II assume de modo inequívoco a opção pelos pobres, a dimensão social do Evangelho, a crítica ética dos regimes econômicos. De modo análogo, as temáticas das culturas e das religiões estiveram presentes nos Documentos do Magistério e da Cúria Romana. Os Papas e os Dicastérios dedicaram, de fato, boa parte de suas preocupações e reflexões olhando para as Igrejas do Sul como lugares e experiências eclesiais ambíguas e arriscadas. Muitos Documentos tiveram endereços certos, visavam corrigir erros relativos aos modos de inserção das Igrejas locais na cultura e na sociedade e, sobretudo, muitas reflexões teológicas também locais. Em todos os casos o jogo institucional acontece pela assimilação seletiva, pela rejeição e condenação e pela oficialização dentro de uma moldura teológica e política possível. Porém, também pela própria pluralidade interna da Igreja, sujeitos distintos habitaram a mesma instituição e, até mesmo, a própria Cúria Romana. Vale mencionar os casos dos Cardeais Ratzinger e Kasper, que divergiram publicamente em questões eclesiológicas, sinalizando para distintas leituras do Vaticano II. Ainda é notável que o próprio Bento XVI, principal crítico da teologia da libertação, tenha no final de seu pontificado nomeado como Prefeito da Congregação para a Doutrina da Fé um bispo confessadamente alinhado à teologia da libertação, de modo particular a Gustavo Gutiérrez, considerado o seu fundador. De fato, com o Cardeal Müller, após todas as restrições e condenações, a teologia latino-americana da libertação chega à Cúria Romana pela porta da frente e, contra toda previsão política, ganha legitimidade política e doutrinal (MÜLLER; GUTIÉRREZ, 2014). Em seu livro publicado em homenagem a Gustavo Gutiérrez, o Cardeal Müller apresenta a experiência da Igreja latino-americana como uma contribuição para a Igreja universal (cf. MÜLLER, 2014, p. 99). A filha mais rebelde do Sul encontra-se, no momento, no centro mais emblemático da vigilância da Igreja sobre as elaborações teológicas, de modo renitente sobre aquelas elaboradas nas periferias do mundo. A carta enviada por Francisco à Gutiérrez, por ocasião de seus noventa anos, sinaliza com nitidez essa legitimação do paradigma teológico da periferia do mundo e da Igreja.

E não se trata apenas de uma mudança nos referenciais teológicos. As posturas e gestos de Francisco recolhem os gritos das periferias, quando assume as causas dos movimentos sociais nos encontros realizados em 2014, 2015 e 2016 (AQUINO JUNIOR, 2018) e abraça a problemática dos migrantes e refugiados como uma urgência para a Igreja e para os países do Norte. A periferia do planeta tem sido ouvida e acolhida por Francisco como problema social e político que desafia a Igreja e como grito do Deus dos pobres.

6. A periferia e o centro

Nas alturas do pontificado de Francisco, já é possível constatar alguns movimentos e sujeitos eclesiais com distintos projetos eclesiais instalados no conjunto do corpo eclesial; são movimentos que se mostram mais ou menos explícitos, mas que sobrevivem na maioria das vezes de modo incubado como força latente que opera mais pela dinâmica da letargia do que propriamente pelo vigor da oposição e do confronto. O próprio Francisco reconhece os diferentes tipos de oposição às reformas em seu discurso à Cúria Romana em 22 de dezembro de 2016 (FRANCISCO, Discurso, 22/12/2016). Há, de fato, um projeto conservador da tradição católica constituída a partir do Norte que nega a legitimidade da tradição do Sul, legitimada pela força político-carismática de Francisco e, evidentemente, pela teologia do papado. Pode-se falar, ainda que de modo um tanto analítico e tipológico (embora realisticamente embasado), em dois projetos em curso. O primeiro ligado às reformas encaminhadas por Francisco, com todas as suas estratégias e metas. O segundo capitaneado pelas forças conservadoras, explícitas ou latentes. Esse segundo não é menos real que o primeiro. Embora a renúncia de Bento XVI tenha deixado um projeto eclesial conservador sem uma operacionalidade universal e efetiva, este permanece vivo e operante por meio de grupos e sujeitos localizados em lugares eclesiais e eclesiásticos diversos. Se se trata de um projeto que perdeu a hegemonia, não perdeu, porém, a força; se perdeu postos de comando, não perdeu, porém, adeptos. Trata-se de uma força política viva e atuante na Igreja. O projeto de reforma de Francisco vai mostrando sua força e seus limites. A força começa com a mudança simbólica do próprio papado e, por conseguinte, das funções/serviços existentes na Igreja (cf. PASSOS, 2018, p. 149-175).

A reforma da mentalidade eclesial ou da cultura eclesial (cf. CASTELLS, 2015, p. 353-354) representa, certamente, a maior força. Francisco tem reformado o pensamento católico – a concepção de doutrina e de tradição, o exercício do Magistério e os próprios conteúdos dos ensinamentos católicos – em seus Documentos oficiais, Homilias e Discursos, bem como colocado em nova rota os documentos emanados dos Dicastérios curiais, como se pode observar nos dois últimos documentos lançados pela Congregação para a Doutrina da Fé.[1] A direção central da Igreja respira novos ares; neles se fazem sentir, de fato, os ares advindos da América Latina. Vale lembrar, além, do dito e conhecido conteúdo do Magistério papal, a nítida mudança dos ensinamentos referentes à sinodalidade da Igreja e à economia no mundo atual. As doses são homeopáticas, porém, com nova química que se distingue daquelas utilizadas anteriormente pelos ensinamentos do Magistério. Numa Igreja marcada fortemente pelas noções de Tradição e Magistério papal, a renovação de muitos conteúdos não tem um significado pequeno; ao contrário, institui novos fundamentos para o pensamento e para a práxis da Igreja de agora em diante. A era pós-Francisco, que não tarda a chegar, será, com certeza, a era da digestão desses ensinamentos, de luta pelos seus significados e dos ecos "franciscanos" nas mais diversas esferas da Igreja. Porém, o que escreveu está escrito. Por sua vez, a sinodalidade constitui dado eclesial revestido com novo *status* teológico e político. A prática e os ensinamentos de Francisco recolocam em lugar protagonista as Igrejas do Sul.

Os profetas emergem das periferias do poder e apresentam seus projetos de renovação para o grupo a que se dirigem. Dentro do governo central da Igreja, as renovações em curso têm chances de provocar mudanças estruturais, ainda que a estabilidade central goze de mecanismos institucionais preservadores. As mudanças de mentalidade permitem, por sua vez, a visão do que as estruturas têm de

---

[1] "A sinodalidade na vida e na missão da Igreja" e "Questões econômicas e financeiras".

obsoleto e, até, de desvio do carisma que as fundou e funda. Do ponto de vista sistêmico, as mudanças dos mecanismos podem, por decorrência também, renovar as estruturas, na medida em que expõem suas deficiências funcionais.

Considerações finais

O Sul tem mostrado ao planeta as consequências concretas das históricas políticas etnocêntricas do Norte. As crises econômicas mais recentes e as estratégias de superação expõem diretamente a insuficiência dos projetos econômico e político construídos a partir das potências do Norte: as condições de vida do Sul questionam os centralismos do Norte, seja nos contrafluxos migratórios, seja nas consequências ecológicas das indústrias instaladas nos territórios do Sul ou, ainda, nas propostas econômicas advindas dessa parte do globo, com as chamadas economias emergentes. O próprio processo de globalização atinge um ponto crítico que já não permite mais a continuidade de projetos isolados e de epicentros que se arvoram em decidir sozinhos o destino do planeta. O mundo interconectado sob todos os aspectos continuará clamando por formas de governo capazes de gestar de modo efetivo o planeta como um todo. O mundo clama por uma coalisão de identidades abertas que sejam capazes de dar concretude aos ideais da modernidade e de conduzir o planeta para um modelo de vida sustentável.

Por certo, a Igreja não se encontra fora dessa conjuntura ou desse movimento histórico e, talvez, os tenha antecipado, na medida em que as Igrejas do Sul marcaram presença com suas pautas próprias no seu governo central e desafiaram cada vez mais um pensamento e uma política de governos eclesiais por demais centralizados e eurocêntricos. O Vaticano II deu um primeiro passo nessa direção; retornou às fontes mais originais do cristianismo e, de modo indireto, a parâmetros político-eclesiais pré-latinos que afirmavam como legítima e necessária para o governo da Igreja a relação entre unidade e diversidade, entre o universal e o local. Essa espécie de inconsciente geopolítico conciliar abriu a Igreja para o mundo com suas problemáticas e para a prática tensa da colegialidade. Essa prática pode, de fato, configurar um modo de relacionamento e gestão capaz de criar identidades abertas em uma *oikoumene* universal, de uma gestão global conectada às localidades. Nesse sentido, também o Vaticano II pode ser visto como uma modernização não acabada. A tradução geopolítica, institucional e burocrática da colegialidade será uma tarefa permanente da *Ecclesia semper reformanda*. Em outros termos, a Igreja terá que se refazer sempre na forma de seu carisma original, em que o próximo se encontra com o Cristo, em que o outro se confronta com o idêntico e o aqui se direciona ao fim do mundo.

No pós-concílio, as teologias elaboradas no Sul chegaram ao Norte e, em nome da fé, questionaram todas as formas de domínio que geram exclusão. Se durante o Concílio as Igrejas do Sul ainda eram um espectro distante, nas décadas seguintes assumiram um protagonismo como receptoras das orientações conciliares a partir de suas realidades concretas. A pobreza estruturalmente instalada nas partes Sul do planeta, as culturas não europeias, as religiões não cristãs, a questão das mulheres foram, ao mesmo tempo, objeto e perspectiva dessas teologias que instauravam na unidade estável da Igreja a diversidade de visões advindas das periferias da mesma. Em nome da unidade se clamava para a diversidade, em nome do povo de Deus se cobrava modos de governar mais colegiados e reconhecimentos de novos ministérios eclesiais exercidos nas pequenas comunidades. Configurou-se, evidentemente, uma dinâmica conflitiva entre centro e periferia da Igreja. Porém, o "arrombamento" inaugurado pelos trabalhos conciliares foi se dando de forma mais expressiva e disseminada no conjunto da Igreja. A importância dada à teologia da libertação, por parte da Congregação para a Doutrina da Fé, sinalizou para a sua própria originalidade dentro da Igreja como um produto pós-conciliar julgado perigoso e heterodoxo. De fato, nesse período o governo central da Igreja, muitas vezes sinônimo de Cúria Romana, teve que administrar práticas e ideias advindas da periferia do poder e da oficialidade católica, com os conhecidos recursos centralizadores e suas estratégias expurgadoras.

Porém, a relação centro-periferia, mesmo que assimétrica, é sempre dialética. A história registra fatos em que a periferia não somente insurge politicamente mas invade culturalmente o centro com suas particularidades culturais. A língua central do Império Romano se dissolveu em muitas línguas na sua longa extensão geográfica e cultural. Hoje, o espanhol já se tornou efetivamente a segunda língua norte-americana com a imigração em massa de latinos do Sul. Não foi diferente com o cristianismo no decorrer dos séculos com seus processos sincréticos, na medida em que entrava em contato com diferentes culturas. As periferias eclesiais mandavam para os centros suas experiências de modo direto e indireto. Nos primeiros séculos, o Norte da África foi protagonista de práticas eclesiais e de formulações teológicas que atingiram a Igreja como um todo, vindo a compor a grande tradição comum. O Vaticano II contou com o protagonismo direto de bispos europeus da região francesa e germânica, bem como de teólogos de fora da Cúria. As inteligências renovadoras das instituições, as teóricas e as práticas, são geradas fora dos limites instituídos da gestão regular do sistema e do pensamento oficial.

Com Francisco, o Sul emerge em carne e osso, em carisma e instituição. A circularidade entre governo central e governos locais, entre a Igreja universal e Igrejas locais assume um ciclo virtuoso – para alguns vicioso – e explicita de modo claro a práticas da comunhão e da colegialidade. Essas deixam de ser princípios eclesiológicos repetidos como verdadeiros e se tornam possibilidades reais de entrarem em ação. As Igrejas do Sul entraram primeiramente no governo papal pelas vias autorizadas do Magistério papal e através de algumas práticas de colegialidade instituídas pelo Vaticano II; no momento, entretanto, elas entram no *projeto-Francisco* como palavras legítimas a serem incorporadas no Magistério de forma deliberada e como convidadas ao protagonismo. Nesse sentido é que se pode falar, de fato, em uma nova conjuntura. A circularidade entre o papado e as Igrejas locais adquire um aspecto consciente e vai se tornando regra do pontificado em estado de reforma. A influência das Igrejas do Sul se traduz, na verdade, como protagonismo efetivo das Igrejas locais na vivência da comunhão e da colegialidade no governo geral da Igreja.

A reforma inadiável do papado, da Cúria e da Igreja darão formas concretas a esse processo em curso, quando a circularidade entre centro e periferia da Igreja pode tornar-se estrutura e modo de governar a mesma Igreja. A afirmação do governo central como instância legítima, necessária e até mesmo única de condução da instituição é recorrente não somente na Igreja Católica – com sua longa temporalidade, com sua cultura arraigada e com seus fundamentos teológicos – mas também nas instituições de modo geral. Sem a implementação inadiável das reformas franciscanas no âmbito das estruturas eclesiais-eclesiásticas, o recentramento eclesial (teológico) e eclesiástico (político) poderá retornar com mais força e habitará o corpo da Igreja.

Referências bibliográficas

AQUINO JÚNIOR, Francisco. *Organizações populares*. São Paulo: Paulinas, 2018.

BOFF, Leonardo. Contribuição da eclesiogênese brasileira para a Igreja universal. *Concilium*, Petrópolis: Vozes, n. 296, v. 3, 2002.

_____. *Eclesiogênese*: as Comunidades Eclesiais de Base reinventam a Igreja. Petrópolis: Vozes, 1977.

_____. *E a Igreja se fez povo*: eclesiogênese, a Igreja que nasce da fé do povo. Petrópolis: Vozes, 1991.

CASTELLS, Manuel. *O poder da comunicação*. São Paulo: Paz e Terra, 2015.

CONGAR, Yves. *A Igreja e o papado*. São Paulo: Loyola, 2000.

FAGGIOLI, Massimo. *A luta pelo sentido*. São Paulo: Paulinas, 2013.

FRANCISCO. *Discursos*. Disponível em: http://w2.vatican.va/content/francesco/pt/speeches.index#speeches.

_____. Encíclica *Laudato Si'*. São Paulo: Paulus/Loyola, 2015.

_____. Exortação *Evangelii Gaudium*. São Paulo: Paulinas, 2013.

KASPER, Walter. *A Igreja Católica*: essência, realidade, missão. São Leopoldo: Unisinos, 2012.

KLOPPENBURG, Boaventura. *Concílio Vaticano II*. Petrópolis: Vozes, 1964. v. III.

LEGRAN, Hervé. O primado romano, a comunhão entre as Igrejas e a comunhão entre os bispos. *Concilium*, Petrópolis: Vozes, n. 353, v. 3, 2013.

LIBÂNIO, J. Batista. *A volta à grande disciplina*: reflexão teológico-pastoral sobre a atual conjuntura da Igreja. São Paulo: Loyola, 1984.

MELLONI, Alberto. *Senatus communionis*. *Concilium*, Petrópolis: Vozes, n. 353, v. 3, 2013.

MIRANDA, Mário França. *Igreja sinodal*. São Paulo: Paulinas, 2018.

MÜLLER, Gerhard L. *Pobre para os pobres*: a missão da Igreja. São Paulo: Paulinas, 2014.

MÜLLER, Gerhard L.; GUTIÉRREZ, Gustavo. *Do lado dos pobres*: teologia da libertação. São Paulo: Paulinas, 2014.

NEMO, Philippe. *O que é o Ocidente?* São Paulo: Martins Fontes, 2005.

OLIVEIRA, Pedro R. *Religião e dominação de classe*: gênese, estrutura e função do catolicismo romanizado no Brasil. Petrópolis: Vozes, 1985.

PASSOS, João Décio. *As reformas da Igreja Católica*: posturas e processos de uma mudança em curso. Petrópolis: Vozes, 2018.

_____. Papa Francisco: entre a crise e o carisma. *REB*, Petrópolis: Vozes, n. 297, v. 75, 2015.

QUINN, John R. *Reforma do papado*: indispensável para a unidade cristã. Aparecida: Santuário, 2002.

WEBER, Max. *Ensaios de sociologia*. Brasília: LTC, 1982.

_____. *Economía y sociedad*. México: Fondo de Cultura Económica, 1997.

La alegría siempre nueva del evangelio y las novedades pastorales de Francisco

CARLOS MARÍA GALLI[*]

En esta contribución ofrezco una meditación teológica sobre *La alegría siempre nueva del Evangelio y las novedades pastorales de Francisco*. El texto y las notas de los quince puntos, ordenados en cuatro secciones, pueden ayudar a profundizar la figura, el ministerio y el pensamiento del Papa.

La novedad del primer Papa latinoamericano y argentino se expresa en sus gestos, palabras y hechos a partir de la exhortación programática *Evangelii gaudium* (EG). Este pontificado misionero y reformador hunde sus raíces tanto en la figura singular del jesuita Jorge Mario Bergoglio como en su arraigo en la Iglesia latinoamericana y el proyecto misionero de la V Conferencia General del Episcopado de América Latina y El Caribe celebrada en 2007 en Aparecida (A). También, en su compenetración con la incipiente pero promisoria reflexión teológica argentina reciente. La *Evangelii gaudium* es un documento que recoge lo mejor de nuestra teología pastoral (cf. GALLI, 2015, p. 25-50).

---

[*] Decano y profesor en la Facultad de Teología de la Universidad Católica Argentina, en Buenos Aires. Miembro de la Comisión Teológica Internacional y del Equipo de Reflexión Teológico-Pastoral del CELAM.

Este ensayo sigue cuatro pasos. Señala la novedad inscripta en el mismo hecho del pontificado de Francisco (1); analiza la novedad permanente de Evangelio en la teología pastoral de Francisco (2); profundiza la nueva figura eclesial y sinodal del Pueblo de Dios en conversión misionera (3); se completa con algunas novedades de la dimensión social del Evangelio según Francisco (4).

1. La novedad del pontificado de Francisco

La primera novedad de Francisco es ser Obispo de Roma traído "del fin del mundo". La segunda es el nombre que eligió el nuevo Papa: Francisco. La tercera es la ternura como estilo pastoral.

1.1 La novedad de un Papa del sur del Sur

a) Vivimos un *kairós* singular Francisco es el primer sucesor de san Pedro que proviene de la Iglesia sureña, latinoamericana y argentina. El Espíritu Santo "sopla donde quiere" (Jn 3,8) y ha soplado como "una fuerte ráfaga de viento" (Hch 2,2). Desde 2012 empleo una imagen creada por el cardenal Walter Kasper: *Sopla el Viento del Sur* (KASPER, 2012, p. 46; cf. C. M. GALLI, 2012, p. 161-260). En 2013 sopló el Viento del Espíritu de Dios desde el fin del mundo. Francisco fue elegido Papa cuando las periferias del orbe aparecieron en el corazón de la urbe. Él representa la llegada del sur latinoamericano al corazón de la Iglesia y, como mostró en la ONU y en tantos otros foros, expresa la voz del sur global en el mundo actual.

b) Con Francisco la Iglesia de América Latina completa su ingreso en la historia mundial. "Lo que haga la Iglesia de América Latina tendrá un inmenso papel en el Tercer Mundo...

A la vez,... América Latina podrá incidir decisivamente en el destino de la Iglesia de Europa... América Latina y su Iglesia tienen una gran chance y creo que por nuestra Iglesia pasa de algún modo la chance de la Iglesia mundial... La chance de la renovación mundial de la Iglesia pasa por América Latina y eso nos carga con una grave responsabilidad" (METHOL FERRÉ, 1974, 1-12, esp. 11).

c) La Iglesia crece en el sur. En 100 años se invirtió la composición del catolicismo. En 1910 el 70% de los bautizados católicos vivía en el norte (65 en Europa) y el 30% en el sur (24 en América Latina). En 2010 apenas el 32% vivía en el norte (24 en Europa, 8 en Norteamérica) y el 68% en los continentes del sur: 39 en América Latina, 16 en África, 12 en Asia, 1 en Oceanía. O sea, *dos de cada tres*. Los continentes de mayor crecimiento del catolicismo son África y Asia. Los nombramientos de nuevos Cardenales representan proporcionalmente esta nueva realidad.

d) Después de un primer milenio signado por las iglesias orientales y un segundo dirigido por la iglesia occidental se avizora un tercer milenio revitalizado por las iglesias del sur en una catolicidad intercultural, confirmada en la fe y presidida en el amor por la sede de Roma y animada por una dinámica *policéntrica*. La "tercera" iglesia "sureña" está en el corazón de la casa de Dios (cf. W. BÜHLMANN, 1977, p. 157-196). En el paso al siglo XXI y con el nuevo pontificado la Iglesia católica vuelve a reconocer el protagonismo de las periferias y los "periféricos" (cf. RICCARDI, 2016, p. 7-29). Esto profundiza la crisis del eurocentrismo eclesial y nos llama a evitar la tentación de un latinoamericano-centrismo. Con Francisco la Iglesia latinoamericana, siendo periferia, se torna un centro, sin pretender ser un centro centralizador.

e) En el sur, América Latina es la Iglesia con más historia, población e integración. Desde 1955 formó su figura regional: reúne veintidós episcopados coordinados por el Concilio Episcopal Latinoamericano – CELAM, que cumplió 60 años (ORTIZ, 2015, p. 309-213). Nuestra Iglesia es la única comunidad de iglesias a escala continental que hizo *una recepción regional, colegial y creativa del Concilio Vaticano II*. Este proceso comenzó en la II Conferencia de Medellín (1968), que cumplirá 50 años-; siguió, a la luz de la exhortación *Evangelii nuntiandi* de Pablo VI, en la III de Puebla (1979); prosiguió con la IV de Santo Domingo (1992) en el marco de la nueva evangelización propuesta por Juan Pablo II.

f) La Conferencia de Aparecida, celebrada en mayo de 2007, impulsó un movimiento misionero continental y permanente. Bergoglio presidió la Comisión de Redacción del Documento, citado 20 veces en *Evangelii gaudium. Ayer Bergoglio contribuyó con Aparecida; hoy Aparecida ayuda a Francisco*. El Papa toma sus grandes líneas y las relanza creativamente en su programa misionero. Encarna el "rostro latinoamericano y caribeño de nuestra Iglesia" (A 100). Con él la dinámica de la conversión misionera impulsada desde la periferia latinoamericana enriquece a la Iglesia entera.

1.2 Francisco: la novedad y el símbolo de un nombre

a) Nombre es misión. *Nomen est omen*. El primer papa jesuita eligió el nombre del *Poverello* tomando la recomendación del Card. Claudio Hummes y recordando una frase dicha a san Pablo: *no te olvides de los pobres* (Ga 2,10; EG

193-196). Ningún predecesor tomó el nombre *Francisco* (cf. GRIECO, 2016, p. 9-34).

b) En su peregrinación a Asís, en 2013, el Papa recordó la unión de Francisco con Jesús, que lo convirtió en un *alter Christus*, y su entrega a la misión recibida al servicio de la Iglesia: *repara mi casa*. El Obispo de Roma expuso tres rasgos salientes de san Francisco: el amor a los pobres desde su abrazo a *la Señora Pobreza*; el carisma pacificador cifrado en el lema *Paz y Bien*; la fraternidad con todo lo creado expresada en la alabanza del *Canto de las creaturas* (cf. FRANCISCO, 2013a, p. 5). El nombre "Francisco" designa la comunión con Cristo al servicio de la renovación de la Iglesia y ofrece una respuesta simbólica a tres grandes dramas de la humanidad actual: *pobreza, paz, creación*.

c) El Papa presenta su programa en la exhortación *La alegría del Evangelio*. Este documento de teología pastoral es original en su contenido y su estilo. Tiene una introducción y cinco capítulos distribuidos en 288 numerales, con 227 citas textuales de la Sagrada Escritura y 217 notas al pie. Responde al pedido de hacer un documento con los aportes del Sínodo de 2012 sobre *La nueva evangelización*. Se limita a pocas cuestiones, pero se extiende en ellas para "perfilar *un determinado estilo evangelizador* que invito a asumir en cualquier actividad que se realice" (EG 18).

d) La exhortación es programática: "No obstante, destaco que lo que trataré de expresar aquí tiene un *sentido programático* y consecuencias importantes. Espero que todas las comunidades procuren poner los medios necesarios para avanzar en el camino de la *conversión pastoral y misionera*, que no puede dejar las cosas como están" (EG 25). Más adelante reflexionaremos sobre esta novedad.

e) En consonancia con su ministerio, nombre y programa, en la *Evangelii gaudium* Francisco formula la dimensión social del Evangelio y afronta las cuestiones de los pobres (EG 186-216) y la paz (EG 217-258) por su relación con el futuro de la humanidad (EG 185). En el último número dedicado al pueblo pobre, invita a compartir la actitud de san Francisco: "Pequeños pero fuertes en el amor de Dios, como san Francisco de Asís, todos los cristianos estamos llamados a cuidar la fragilidad del pueblo y del mundo en que vivimos" (EG 216). La encíclica *Laudato si'* recoge el carisma de san Francisco (LS 10-12). Él testimonia "la armonía con Dios, con los otros, con la naturaleza y consigo mismo. En él se advierte hasta qué punto son inseparables la preocupación por la naturaleza, la justicia con los pobres, el compromiso con la sociedad y la paz interior" (LS 10). La figura de San Francisco tiene una gran fuerza profética y una enorme potencia renovadora. Francisco, *el hombre del siglo que viene* (Tomás de Celano) es una figura señera para el Papa.

1.3 La ternura: la novedad de un estilo pastoral

a) Francisco proclama *la revolución de la ternura de Dios* iniciada con la Encarnación del Verbo. En los años ochenta, el Padre Jorge -como le gustaba ser llamado- gestó esa original expresión contemplando la imagen de *La Piedad* (cf. J. BERGOGLIO, 2013, p. 245). En sus mensajes navideños, cuando era arzobispo de Buenos Aires, Bergoglio afirmaba, contemplando la imagen del Niño Jesús, que *Dios es ternura*. Con Juan XXIII, Francisco simboliza "la Iglesia de la Caridad" (cf. G. Lafont, 2011, p. 145-168), que se hace dulzura en la caricia, el abrazo y el beso. El actual sucesor de Pedro proclama *el tiempo de la misericordia de Dios* que se aproxima a tocar y curar las distintas heridas de la carne doliente de la humanidad (EG 3, 44).

b) San Juan XXIII – *il Papa buono* – y Francisco respondieron a la voz del Señor que dice: "estuve preso y me visitaron" (Mt 25,36). En la Navidad de 1958 Juan XXIII visitó la cárcel *Regina coeli*; el Jueves Santo de 2013 Francisco lavó los pies a menores encarcelados. El 11 de octubre de 1962, al inaugurar el Concilio, Juan XXIII invitó a emplear la medicina de la misericordia y dejar la vara de la severidad; en el *Ángelus* del 17 de marzo de 2013 Francisco dijo que Dios es misericordia y nunca se cansa de perdonar, pero nosotros nos cansamos de pedirle perdón. En el Radiomensaje del 11 de septiembre de 1962, Juan XXIII afirmó que la Iglesia debía ser, en los pueblos subdesarrollados, "la Iglesia de todos, pero sobre todo la Iglesia de los pobres"; ante los periodistas, el 20 de marzo de 2013, Francisco compartió su deseo de "una Iglesia pobre y para los pobres".

c) En Francisco se poder ver un icono porque vive *nuestro estilo pastoral latinoamericano* en la cercanía al pueblo, la calidez del trato, la sencillez de la predicación. Expresa *la gramática de la simplicidad* en su vida y su ministerio, lo que lleva a mucha gente a decir: "es el Papa, pero es uno de nosotros, uno como nosotros". Toma a niños en sus brazos, besa a enfermos, saluda a todos, bendice a cada uno y cada una. Es un signo de la trasmisión de la fe mediante una cultura afectiva, simbólica, gestual y festiva, como es el estilo latinoamericano y caribeño. Siempre expresó su pertenencia eclesial, espiritual, afectiva y cultural a América Latina, su "amado continente" (EG 124).

d) La pastoral latinoamericana tiene un estilo mariano. "*Nuestros pueblos... encuentran la ternura y el amor de Dios en el rostro de María*" (A 265). Desde 1531, en la colina del Tepeyac, el rostro moreno de *la Virgen de Guadalupe* lleva a su pueblo en la pupila de sus ojos y lo cobija en el hueco de su manto (EG 286). Las peregrinaciones a los santuarios son gestos espirituales que expresan el amor teologal y la comunión de los santos. El peregrino parte movido por la fe, camina animado por la esperanza y, al llegar contempla con amor. "La mirada del peregrino se deposita sobre una imagen que simboliza la ternura y la cercanía de Dios. El amor se detiene, contempla el misterio, lo disfruta en silencio... Un breve instante condensa una viva experiencia espiritual" (A 260).

e) *La región latinoamericana y caribeña es la más urbanizada del mundo.* Ocho de cada diez personas vivimos en zonas urbanas; la mayoría en barrios suburbanos. Nuestra Iglesia, desde 1965, ha buscado *una nueva pastoral urbana* (A 509-519). En mi libro *Dios vive en la ciudad* muestro que Bergoglio fue el primer arzobispo de Buenos Aires formado en nuestra cultura urbana (cf. C. M. GALLI, 2014, p. 328). En 1936, cuando nació este hijo de inmigrantes italianos, Buenos Aires tenía más de 2.400 mil habitantes (880.000 extranjeros y 1.600.000 nativos). Es el primer Papa nacido en una gran *polis* o aldea global del siglo XX. Piensa las tensiones entre la globalización y la urbanización, y anima a contemplar la presencia del Dios en las culturas urbanas y entre tantos "sobrantes" urbanos (EG 71-75) (cf. GALLI, 2015b, p. 105-142).

f) En la Argentina, el actual Papa se formó como *un pastor misionero y un pastoralista lúcido.* Cuando fue rector del

Colegio Máximo de la Compañía de Jesús (1979-1985), fundó y fue el primer párroco de la parroquia Patriarca San José en San Miguel, en el Gran Buenos Aires, donde animó una evangelización capilar en los barrios. En ese tiempo enseñó Teología pastoral y comentó la exhortación *Evangelii nuntiandi* de Pablo VI en la Facultad de Teología de los jesuitas argentinos, así como San Juan XXIII enseñó Historia de la Iglesia en Bérgamo y Roma. Ambas disciplinas integran la única ciencia teológica, que no puede ser reducida a una reflexión meramente especulativa sino que incluye también la ciencia práctica (ST I, 1, 4).

2. La novedad permanente del Evangelio

La *Evangelii gaudium* expresa el gozo que de recibir y dar la Buena Nueva de Jesucristo (EG 21).

2.1 La novedad única del Evangelio de Jesucristo

a) *Jesucristo* es *el Evangelio de Dios* (Mc 1,1; Rm 1,3). La Iglesia debe transparentar la novedad siempre nueva del Evangelio *sine glossa*, "el corazón del mensaje de Jesucristo" (EG 34), "el contenido esencial del Evangelio" (EG 265), el *kerigma* de amor trinitario, pascual y salvífico (cf. FRANCISCO, 2017, p. 14-25).

b) Francisco destaca *la absoluta Novedad de Jesucristo* (EG 11), el Hombre Nuevo (Col 3,11) que hace nuevas todas las cosas (Ap 21,5). Francisco señala la novedad del Evangelio:

- "Cristo es el 'Evangelio eterno' (Ap 14,6), y es 'el mismo ayer y hoy y para siempre' (Hb 13,8), pero su riqueza y su hermosura son inagotables. *Él es siempre joven y fuente constante de novedad*. La Iglesia no deja de asombrarse por 'la profundidad de la riqueza, de la sabiduría y del conocimiento de Dios' (Rm 11,33)" (EG 11).

- *"La verdadera novedad* es la que Dios mismo misteriosamente quiere producir, la que Él inspira, la que Él provoca, la que Él orienta y acompaña de mil maneras. En toda la vida de la Iglesia debe manifestarse siempre que la iniciativa es de Dios, que *'Él nos amó primero'* (1 Jn 4,19) y que 'es Dios quien hace crecer' (1 Co 3,7)" (EG 12).

c) En su última entrevista, el Papa Benedicto XVI reconoce el nuevo clima de alegría, frescura y renovación traído por el Papa Francisco. "Tras el tiempo de pontificado que lleva el papa Francisco, ¿está Usted contento? Sí. En la Iglesia se respira una nueva frescura, una nueva alegría, un nuevo carisma que llega a las personas; todo eso es algo hermoso" (BENEDICTO XVI, 2016, p. 65).

d) La Iglesia discipular y misionera está llamada a una evangelización kerigmática.

"El kerygma es trinitario. Es el fuego del Espíritu que se dona en forma de lenguas y nos hace creer en Jesucristo, que con su muerte y resurrección nos revela y nos comunica la misericordia infinita del Padre" (EG 164).

El kerigma es el amor misericordioso y salvador de Dios-Amor por su Hijo y en el Espíritu.

e) El cristocentrismo trinitario sigue las huellas de Pablo VI (EN 26), Juan Pablo II (DCG 99-100) y Benedicto XVI (DCE 1). Francisco dice: "donde está tu síntesis, allí está tu corazón" (EG 143). El corazón de la fe se sintetiza en dos textos bíblicos. El primero, de san Juan, anuncia: *Dios es Amor* (1 Jn 4,8). El segundo, de san Pablo, enseña: *lo más importante es el amor* (1 Co 13,13).

f) Francisco cree y profesa que el Espíritu Santo realiza en la Iglesia una armonía de las diferencias a partir de la novedad del Evangelio. El don del Espíritu dona la *armonía* porque Él es el vínculo de amor en la Trinidad y el nexo de la comunión en la Iglesia (EG 40, 117, 130-131, 220, 242, 254). "Él construye la comunión y la armonía del Pueblo de Dios. El mismo Espíritu Santo es la armonía, así como es el vínculo de amor entre el Padre y el Hijo" (EG 117).

2.2 La novedad actual de la Misericordia de Dios

a) El sucesor de Pedro proclama *el tiempo de la misericordia de Dios*. Dios, "rico en misericordia" (Ex 34, 6; Ef 2,4) se refleja en el rostro de Cristo muerto y resucitado. Desde su juventud Bergoglio experimenta la misericordia divina. Cuando lo nombraron obispo eligió como lema la frase *miserando atque eligendo*. La Iglesia comunica el amor de Dios reflejado en el rostro de Cristo (cf. GALLI, 2015b, p. 65-103). "*Primerear*: sepan disculpar este neologismo. La comunidad evangelizadora experimenta que el Señor tomó la iniciativa, la ha primeriado en el amor (cf. 1 Jn 4,10) y, por eso, ella sabe adelantarse, tomar la iniciativa sin miedo, salir al encuentro, buscar a los lejanos y llegar a los cruces de los caminos para invitar a los excluidos. Vive un deseo inagotable de brindar misericordia, fruto de haber experimentado *la infinita misericordia del Padre...*" (EG 24).

b) Con sus valores y límites, Francisco comparte carismas de sus inmediatos predecesores: el espíritu profético de Juan XXIII; el discernimiento prudente de Pablo VI; la fresca sonrisa de Juan Pablo I; el ardor misionero de Juan Pablo II; la serena reflexividad de Benedicto XVI. En su momento, cada Papa ha reflejado, con su fisonomía, la tierna humanidad de nuestro Dios. Así, la dulce bondad en Roncalli; la cordialidad paciente en Montini – Papa *megalócardos*, como lo llamó el patriarca Atenágoras en 1965; la espiritualidad y la liturgia del Dios "rico en misericordia" – *Dives in misericordia* – en Wojtyla, la primacía del amor en Ratzinger porque *Dios es Amor* – *Deus caritas est*.

c) *La Misericordia es el principio hermenéutico del pontificado de Francisco*. Como enseña en la Bula *Misericordiae vultus*, ella es la viga maestra que sostiene la vida y la misión de la Iglesia (cf. KASPER, 2015). El 8 de diciembre de 2015, Francisco abrió la Puerta del *Jubileo de la Misericordia* en el Cincuentenario del Concilio Vaticano II. Llamó al Concilio "la gran puerta" que la Iglesia abrió para realizar un encuentro con los hombres de nuestro tiempo "y llevar la alegría del Evangelio y la misericordia y el perdón de Dios". Ese día resumió el Evangelio, interpretó el Concilio y llamó al Jubileo en la clave de la misericordia samaritana: "Que al cruzar hoy la Puerta Santa nos comprometamos a hacer nuestra la misericordia del buen samaritano" (cf. FRANCISCO, 2015b, p. 7).

d) Francisco no se cansa de predicar la misericordia del Dios que nos ama y perdona. Recuerda que Pablo VI, en las notas para su testamento -conocidas como "Meditación ante la muerte"- expuso que su vida espiritual podía resumirse con una frase de San Agustín: "*Miseria y misericordia; miseria mía y misericordia de Dios*". En la documentación del proceso de beatificación leyó que un secretario dijo que Pablo VI, comentando ese axioma, confesaba que para él era un gran misterio ver que, siendo mísero, viviera ante la misericordia de Dios (cf. FRANCISCO, 2016b, p. 27, 55). En la Carta *Misericordia et misera* presenta este programa e instituye la

Jornada mundial de los pobres para que "renueve el rostro de la Iglesia en su acción perenne de conversión pastoral, para ser testimonio de la misericordia".

e) *"La suma de la religión cristiana consiste en la misericordia en cuanto a las obras exteriores"* (ST II-II, 30, ad 2um). Una fuente de la teología de la misericordia de Francisco en es la *Summa Theologiae* de Santo Tomás de Aquino (EG 37).[1] Esta inspiración tomista es un rasgo de la teología argentina que busca vincular la tradición clásica con la reflexión contemporánea. Inspirada en las palabras de Jesús sobre el juicio final (Mt 25,31-46) la religión cristiana fomenta una cultura de la misericordia. Ésta es la forma histórica del amor porque en la historia sufrimos muchas miserias. La cruz revela que el amor de Dios es más fuerte que el pecado, la muerte, el mal. Jesús alivia con ternura las heridas de nuestra humanidad y nos llama a tocar la carne sufriente de los otros. El Papa "quiere que toquemos la miseria humana, que toquemos la carne sufriente de los demás" (EG 270).

f) La exhortación *Amoris laetitia* es el fruto de un amplio proceso sinodal y un acto del magisterio pontificio que asume proposiciones de los padres sinodales. Expresa el Evangelio del amor. Canta el himno a la caridad y piensa los problemas de la pastoral familiar. Al Papa le interesa motivar a las nuevas generaciones para que vivan el amor fiel y fecundo en el matrimonio y la familia. En el capítulo VIII, Francisco enseña *"la lógica de la misericordia pastoral"* (AL 307-312) para acompañar, discernir e integrar la fragilidad de muchas personas que sufren difíciles situaciones familiares. Se trata

---

[1] En la exhortación *Evangelii gaudium* la Suma Teológica está citada diecisiete veces: hay 3 menciones en el texto (EG 37, 43, 171) y 14 citas en las notas (35, 40, 44, 47, 48, 93, 105, 117, 133, 166, 191).

de la "lógica del Evangelio" (AL 297), "la lógica de la compasión" (AL 308), "la lógica de la integración" (AL 299) que debe animar una pastoral sería, integradora y creativa.

g) *La misericordia de nuestro Dios nos llega a través de la ternura maternal de la Iglesia. A Francisco le gustan las imágenes femeninas de la Iglesia.* Con los *Ejercicios Espirituales* de San Ignacio de Loyola habla de "nuestra sancta Madre Iglesia" (EE 353, 363). Resalta la maternidad pastoral de todo el Pueblo de Dios. Para él, la Iglesia es una madre de corazón abierto y una casa de puertas abiertas para que los que están en el hogar salgan al encuentro de todos los demás (EG 46).

2.3 La perenne novedad de anunciar el Evangelio

a) En *Evangelii gaudium*, Francisco asume la enseñanza de Pablo VI sobre la evangelización. Lo nombra cinco veces y pone veintinueve citas de sus documentos, quince de *Evangelii nuntiandi*. En 2014, en la *asamblea de Roma*, dijo que esa exhortación "es el mejor documento pastoral del postconcilio, que no ha sido superado... es una cantera de inspiración, una cantera de recursos para la pastoral... el testamento pastoral del gran Pablo VI... que sea siempre un punto de referencia" (FRANCISCO, 2014a, p. 3).

b) La búsqueda de una nueva evangelización surgió de la visión conciliar de la Iglesia, se convirtió en el tema de fondo del proceso postconciliar y tiene su carta magna en la exhortación *Evangelii nuntiandi* (TMA 21), "la interpretación del magisterio conciliar sobre lo que es tarea esencial de la Iglesia" (JUAN PABLO II, 1994, p. 126). Ella tuvo una gran repercusión y fue una fuente inspiradora en la Iglesia latinoamericana (cf. GALLI, 2002, p. 161-197), de un modo especial en la teología pastoral de la Argentina (cf. GRANDE,

2011, p. 67-137 y p. 917-954). Bergoglio ha aprendido mucho de Montini, en especial de la *Ecclesiam suam* (1964) y de la *Evangelii nuntiandi* (1975).

c) Francisco quiere una Iglesia centrada en la misión, evangelizada y evangelizadora (EN 15). Su eclesiología pastoral sigue a Pablo VI: "la Iglesia existe para evangelizar" (EN 14). Propone "la transformación misionera de la Iglesia" (EG 19-51). "Una Iglesia en salida" (EG 20-24) se centra en Cristo por la conversión y en el ser humano mediante la misión. El cristiano, discípulo-misionero de Jesucristo, a través de la conversión misionera se descentra de sí al centrarse en Cristo, quien lo convoca a seguirlo como discípulo y lo envía a las periferias como misionero. Mirando a san Pedro Fabro, el Papa jesuita dijo: "sólo si se está centrado en Dios es posible ir hacia las periferias del mundo" (FRANCISCO, 2014b, p. 2). *El proyecto del Papa quiere centrarnos en anunciar el Evangelio* (cf. V. FERNÁNDEZ; P. RODARI, 2014, p. 29-41).

d) La *Evangelii gaudium* tiene un sentido programático que señala el rumbo. El proyecto de Francisco se puede resumir en tres frases motivadoras: la salida misionera es el paradigma de toda la Iglesia (EG 15); espero que todas las comunidades procuren poner los medios necesarios para avanzar en el camino de la conversión pastoral y misionera, que no puede dejar las cosas como están (EG 25); sueño con una opción misionera capaz de transformarlo todo (EG 27).

e) La teología de Aparecida ha formulado la misión como la comunicación de la Vida plena en Cristo (A 386). La misión es una dimensión de la vida cristiana y de la comunión eclesial porque el discipulado es por sí misionero. "Discipulado y misión son como las dos caras de una misma medalla:

73

cuando el discípulo está enamorado de Cristo no puede dejar de anunciar al mundo que sólo Él nos salva (Hch 4,12)" (A 146). Francisco retoma esa propuesta y la expresa en una consigna sintética de contenido eclesiológico y pastoral: "todos somos discípulos misioneros" (EG 120).

2.4 La alegría de evangelizar, corazón místico de la nueva etapa

a) Una clave de este pontificado es la alegría evangélica y evangelizadora. En su discurso a la Congregación general de los jesuitas, el Papa dijo: "En las dos Exhortaciones Apostólicas – *Evangelii gaudium* y *Amoris laetitia* –, y en la Encíclica *Laudato si', he querido insistir en la alegría*" (cf. Francisco, 2016c, p. 7).

b) La Iglesia contemporánea vive un tiempo de la alegría, paralelo al tiempo de la misericordia. El inicio simbólico de esta gracia fue la proclamación del discurso inaugural de Juan XXIII en el Concilio, titulado *Gaudet Mater Ecclesiae* La Carta Magna de la alegría y la esperanza es la Constitución pastoral *Gaudium et spes* del Concilio Vaticano II en 1965; su eco espiritual se encuentra en la exhortación *Gaudete in Domino* de Pablo VI en 1975, y, a través del reiterado llamado a la alegría de la fe de los papas siguientes, llega hasta la *Evangelii gaudium* de 2013.

c) Como hizo Pablo VI, Francisco presenta una espiritualidad evangelizadora (EG 259-283) para ayudar a superar las tentaciones que afectan a los agentes pastorales (EG 79-106). *El corazón de la nueva etapa pastoral es la alegría de evangelizar frente a* la tristeza individualista que cierra el corazón y produce cristianos "cuya opción parece ser la de una Cuaresma sin Pascua" (EG 6).

d) Desde 1975 Bergoglio ha repetido el llamado de Pablo VI a la dulce alegría de evangelizar (cf. BERGOGLIO, 2013a, p. 302-315; BERGOGLIO, 2013b, p. 77-84). "Conservemos la dulce y confortadora alegría de evangelizar, incluso cuando hay que sembrar entre lágrimas. Sea ésta *la mayor alegría de nuestras vidas entregadas*... (que el mundo actual) pueda así recibir la Buena Nueva no a través de evangelizadores tristes y desalentados, impacientes o ansiosos, sino a través de ministros del Evangelio, cuya vida irradia el fervor de quienes han recibido en sí mismos, *la alegría de Cristo* y aceptan consagrar su vida a la tarea de anunciar el reino de Dios e implantar la Iglesia en el mundo" (EN 80).

e) Aparecida insiste en la alegría del encuentro con Jesús y de la comunicación de su Evangelio. Los discípulos misioneros tienen la vocación de comunicar el don del encuentro con Cristo por "un desborde de alegría y gratitud" (A 14). "La alegría del discípulo no es un sentimiento de bienestar egoísta sino una certeza que brota de la fe, que serena el corazón y capacita para anunciar la Buena Noticia del amor de Dios" (A 29). Como perito en Aparecida puedo dar testimonio de que Bergoglio quiso citar el párrafo de *Evangelii nuntiandi* 80 en la Conclusión del Documento (A 552). En 2013 Bergoglio expresó esta mística de la alegría en su intervención en una congregación cardenalicia previa al Cónclave. El texto, conocido el 27 de marzo de 2013, consigna que tres veces citó la frase de Pablo VI: *la dulce y confortadora alegría de evangelizar*. Se puede decir que ella encuentra un eco en su corazón de jesuita que agradece las consolaciones del Señor, vincula e gozo a la consolación y asume la misión de consolar a su pueblo y servirlo en la alegría.

f) El Evangelio es alegría. El Papa alienta *la alegría evangelizadora* (EG 83), "que nada ni nadie nos podrá quitar" (EG 84). "La alegría evangelizadora siempre brilla sobre el trasfondo de la memoria agradecida: es una gracia que necesitamos pedir" (EG 13). La gratitud cordial por el pasado se vuelve entrega gratuita en el presente. Es una alegría misionera marcada por la dinámica del don.

"La alegría del Evangelio que llena la vida de la comunidad de los discípulos es *una alegría misionera...* Esa alegría es signo de que el Evangelio ha sido anunciado y está dando fruto. Siempre tiene la dinámica del éxodo y el don, del salir de sí, del caminar y sembrar siempre de nuevo, siempre más allá" (EG 21).

3. La novedad del Pueblo de Dios en conversión misionera

El Papa Francisco asume grandes líneas de la eclesiología sistemática y pastoral centrada en la noción bíblica y conciliar "Pueblo de Dios" (LG 9-17). Esta noción, presente 184 veces en el Concilio, fue desarrollada en el capítulo II de la Constitución *Lumen gentium*, titulado: *Del Pueblo de Dios.* Bergoglio siempre presentó a la Iglesia como el *santo Pueblo fiel de Dios* (EG 95, 130).

"La imagen de la Iglesia que más me gusta es la del santo Pueblo fiel de Dios. Es la definición que uso más y está tomada del número 12 de la *Lumen gentium.* La pertenencia a un pueblo tiene un fuerte valor teológico. Dios, en la historia de la salvación, ha salvado un pueblo. No existe una identidad plena sin pertenencia a un pueblo. El pueblo es sujeto. La Iglesia es el Pueblo de Dios caminando en la historia, con alegrías y dolores" (SPADARO, 2013, p. 459).

3.1 La novedad en la eclesiología: el Pueblo de Dios peregrino y evangelizador

a) Francisco comparte, profundiza y universaliza algunas ideas de lo que se ha llamado *la teología argentina del pueblo* (cf. SCANNONE, 2017, p. 15-93, 181-274). Yo prefiero hablar de *la teología argentina del Pueblo de Dios, los pueblos y la pastoral popular* porque nuestra tradición ha desarrollado dos sentidos análogos y conexos del concepto "pueblo", uno a nivel eclesial y otro en el plano civil, con una desemejanza tan fuerte como su semejanza. Esta línea de pensamiento incluye una eclesiología del Pueblo de Dios, una teología de la sociedad, la cultura y la historia, también una teología pastoral que considera la misión de la Iglesia a los pueblos y une la piedad popular con la opción por los pobres (cf. GALLI, 2015, p. 405-471). Sus grandes exponentes fueron los argentinos Lucio Gera (1924-2012) (cf. GALLI, 2015b, 15-43) y Rafael Tello (1917-2002), hoy estudiados con relación a Francisco (cf. FIGUEROA DECK, 2016, p. 36-59; LUCIANI, 2016, p. 21-88; CUDA, 2016, p. 67-158). Su representante actual es Juan Carlos Scannone. Hoy, la gran novedad del pontificado de Francisco, incluye la pequeña novedad de un primer conocimiento de nuestra incipiente teología, que incluye "una eclesiología del Pueblo de Dios en concreto" (cf. KASPER, 2015, p. 57-69).

b) En 2015 la Facultad Teología de Buenos Aires cumplió 100 años (cf. GALLI, 2015c, p. 341-387. En 1965, ella fue pionera en comentar la *Lumen gentium*. Entonces mostró la unidad de sus dos primeros capítulos a partir de las categorías *Misterio y Pueblo*. El "misterio de la santa Iglesia" (LG 5) se realiza en la historia en la forma de "un Pueblo" (LG 9). Ese binomio constituye la arquitectura sistemática de *Lumen gentium*. En 1989, en una ponencia que tuve en el Equipo Teológico-Pastoral del CELAM en Belo Horizonte, mostré la original recepción argentina del concepto Pueblo de Dios (cf. GALLI, 1990, p. 91-152).

Además, nuestra teología comprendió el *mundo* – del que habla la *Gaudium et spes* – a través de las realidades del *pueblo* y la *cultura*. Pensó al pueblo como una comunidad histórica, cultural y política en constante gestación. Comprendió la relación entre la Iglesia y el Mundo como la presencia encarnada o inculturada de la fe del Pueblo de Dios en las culturas de los pueblos.

c) Con Francisco se está dando *un doble retorno del Pueblo de Dios*. Por un lado, el pueblo cristiano ha irrumpido de un modo nuevo en la escena, como se ve en la Plaza de San Pedro y en los viajes apostólicos de Papa. Esta "legitimidad desde abajo", a partir del afecto y el apoyo del pueblo creyente – y de tantas personas de otras religiones y de buena voluntad – se suma a la "legitimidad desde arriba" dada por la obra del Espíritu en su elección y su ministerio. En segundo lugar, con él reaparece la teología del Pueblo de Dios, recuperando el lugar central que le dio el Vaticano II y se desdibujó desde 1985 en documentos del magisterio pontificio, y en otros documentos, incluyendo en parte al de Aparecida, donde primó la noción comunión. Hubo unas excepciones, como este texto de Aparecida sobre *el Pueblo de Dios sujeto de la comunión misionera*.

"En el Pueblo de Dios, 'la comunión y la misión están profundamente unidas entre sí... La comunión es misionera y la misión es para la comunión' (ChL 32). En las iglesias particulares, todos los miembros del Pueblo de Dios, según sus vocaciones específicas, estamos convocados a la santidad en la comunión y la misión" (A 163).

d) En esta línea algunos desarrollamos *una eclesiología integradora*. La Iglesia es la comunión *del* Pueblo de Dios en la historia o el misterio del Pueblo peregrino de Dios *en* comunión. Las nociones comunión o sacramento son empleadas *en sentido predicativo o atributivo*. La Iglesia es una comunión, pero no decimos que la comunión es la Iglesia, porque aquel es un concepto análogo que se predica de distintos sujetos, como la Trinidad, la Eucaristía, la Iglesia, la familia. En cambio, el título Pueblo de Dios señala el *sujeto* y es un *concepto subjetivo*. El Pueblo de Dios es misterio o sacramento de comunión. Él es el sujeto social e histórico del misterio y, en cuanto tal, "permanece insustituible" (cf. POTTMEYER, 2000, p. 11-25). El Pueblo de Dios se refiere al "nosotros" de la Iglesia.

e) *Los dos sentidos del término pueblo están en la Evangelii gaudium*. El capítulo III habla de la Iglesia como el *Pueblo de Dios* peregrino en la historia y encarnado en las culturas (EG 115). Ese Pueblo "es un *misterio* que hunde sus raíces en la Trinidad, pero tiene su concreción histórica en un pueblo peregrino y evangelizador, lo cual siempre trasciende toda necesaria expresión institucional" (EG 111). La Iglesia es el misterio de comunión del Pueblo de Dios. En el capítulo IV enseña que construir un *pueblo* requiere cultivar el sentido de pertenencia por "una cultura del encuentro en una plural armonía" (EG 220). En la entrevista que dio en 2016 para introducir la edición italiana de todos sus discursos y homilías dados cuando era arzobispo de Buenos Aires (1998-2013), el Papa ha vuelto a señalar ambos significados distintos y complementarios (cf. BERGOGLIO – PAPA FRANCESCO, 2016, V – XLVIII y XV-XVI).

f) Para Francisco "este Pueblo de Dios se encarna en los pueblos de la tierra, cada uno de los cuales tiene su cultura propia" (EG 115). La sección "un pueblo con muchos rostros" (EG 115-118) desarrolla la imagen del rostro en sentido eclesial. Citando a Juan Pablo II, afirma: "En los distintos pueblos, que experimentan el don de Dios según su propia cultura, la Iglesia expresa su genuina catolicidad y muestra 'la belleza de este rostro pluriforme'" (EG 116; NMI 40). Este rostro pluriforme del Pueblo de Dios expresa la interculturalidad del cristianismo actual.

En este horizonte se inscriben varios temas eclesiológicos. Entre ellos, apenas nombro la misión de todo el Pueblo de Dios; la inculturación como proceso diversificado de encarnación histórica de la Iglesia en las culturas; la piedad o mística católica popular como expresión cultural de la fe; el *sensus fidei fidelium* como sabiduría del pueblo cristiano. Aquí só señalo el primer aspecto.

g) *El Pueblo de Dios es el sujeto comunitario de la misión evangelizadora en la historia*. El capítulo III de *Evangelii gaudium* afirma: *Todo el Pueblo de Dios anuncia el Evangelio* (EG 111-134). Me gusta decir que lo que es de todo el Pueblo de Dios corresponde a todos en el Pueblo de Dios. Él es el gran sujeto evangelizador comunitario (EG 111, 120) y cada cristiano está llamado a ser, en la comunión viva y concreta de la Iglesia, un protagonista activo de la misión (EG 121). Por eso, esta convocatoria no se dirige sólo a los agentes pastorales organizados, sino a los fieles cristianos sencillos: "todos estamos llamados a crecer como evangelizadores" (EG 121). Francisco recrea la convocatoria de Aparecida: "todos somos discípulos misioneros" (EG 119-121).

3.2 Un nuevo paradigma: la conversión pastoral y misionera de la Iglesia

a) La V Conferencia episcopal de Aparecida es un jalón decisivo en nuestra *caminhada* latinoamericana, en continuidad con las conferencias de Río de Janeiro, Medellín, Puebla y Santo Domingo (A 9, 16). Expresa el acontecimiento religioso, eclesial y evangelizador celebrado en el santuario mariano del Brasil (A 1-3, 547). El tema fue *Discípulos y misioneros de Jesucristo para que nuestros pueblos en Él tengan vida*, con el lema: *Yo soy el Camino, la Verdad y la Vida* (Jn 14,6).

b) *La sinodalidad de la Iglesia latinoamericana dio otro paso en Aparecida* (cf. GALLI, 2016b, p. 75-99). En 2013, ante el CELAM reunido en Río de Janeiro, Francisco señaló cuatro características originales (cf. FRANCISCO, 2013d, p. 59).

- La Conferencia no comenzó con un *instrumentum laboris* sino que recogió en un *Documento de síntesis* los aportes de los episcopados y partió de las preocupaciones de los pastores.

- Se desarrolló en un ambiente de oración junto con el pueblo católico brasileño, cuyos cantos y oraciones brindaron la "música de fondo" a nuestros trabajos en el subsuelo del santuario.

- Para colaborar a un nuevo Pentecostés, la Conferencia no se limitó a dar un Documento, sino que tomó el compromiso de poner a la Iglesia en un estado permanente de Misión.

- Fue la primera Conferencia celebrada en un santuario mariano, bajo la protección maternal de la Virgen Negra (A 1) y donde los peregrinos "nos edificaron y evangelizaron" (A 3).

c) A dos semanas de Aparecida ensayé una lectura de su novedad (cf. GALLI, 2007, p. 362-371). Hoy noto que su trascendencia creció con el ministerio de Francisco. En agosto de 2007 presentamos, junto al cardenal Bergoglio, el Documento de Aparecida a la prensa. Conociendo la historia pastoral latinoamericana, dije que el proyecto misionero de Aparecida, si se actualizaba constantemente, comprometería buena parte del siglo XXI. *Una década después, el pontificado de Francisco ratifica la vigencia de la novedad de Aparecida hacia el futuro.* Pero él no desea exportar un modelo latinoamericano ni caer en otro centralismo pastoral porque cada iglesia debe asumir la misión en su tiempo y lugar (EG 27, 30).

d) Aparecida invoca al Espíritu Santo para que suscite en nuestra Iglesia latinoamericana *un nuevo Pentecostés* para animar una evangelización esencialmente misionera (A 13) y permanente (A 551). Un nuevo Pentecostés reclama "una actitud de permanente conversión pastoral" (A 366) para una firme decisión misionera (A 367) de las comunidades y estructuras eclesiales (A 368).

"Esta firme decisión misionera debe impregnar todas las estructuras eclesiales y todos los planes pastorales de diócesis, parroquias, comunidades religiosas, movimientos y cualquier institución de la Iglesia. Ninguna comunidad debe excusarse de entrar decididamente, con todas sus fuerzas, en procesos constantes de renovación misionera, y de abandonar las estructuras caducas que ya no favorezcan la transmisión de la fe" (A 365).

La conversión pastoral se funda en que *la Iglesia peregrina es esencialmente misionera*. Toda la tercera sección de Aparecida y, en particular, el capítulo sobre la misión, comienza con el número 347, que cita el decreto *Ad gentes*: *Ecclesia peregrinans natura sua missionaria est* (AG 2).

e) De Puebla a Aparecida la Iglesia latinoamericana ahondó en su noción de la evangelización. "Hoy, toda la Iglesia en América Latina y El Caribe quiere ponerse en estado de misión" (A 213, 551). El término *misión* tiene un sentido móvil y movilizador. Actualiza el envío de Jesús: "vayan... y evangelicen" (Mc 16,15). Una pastoral misionera expresa una Iglesia en salida y se opone a una pastoral conservadora que se contenta con mantener lo ya existente (A 18, 25).

f) Francisco invita a "la reforma de la Iglesia en salida misionera" (EG 17). Emplea la frase "conversión misionera" (EG 30), que sintetiza y recrea la propuesta de Aparecida sobre la conversión pastoral y la renovación misionera (A 365-372). Asume la letra y el espíritu de la V Conferencia. Llama a reformar las estructuras eclesiales "para que se vuelvan más misioneras" (EG 27). Esta conversión debe realizarse en las iglesias particulares y sus planes pastorales (EG 30-31). Incluye la conversión del Papado y las estructuras centrales de la Iglesia (EG 32). Toda reforma se define por su meta u objetivo. En este caso, la conversión o reforma del Espíritu para ser una Iglesia más misionera. La *Ecclesia semper reformanda* es *Ecclesia in statu conversionis* e *in statu missionis*.

g) Francisco recuerda: "el Concilio Vaticano II presentó la conversión eclesial como la apertura a una permanente reforma de sí por fidelidad a Jesucristo" (EG 26; UR 6). La reforma de la Iglesia propende su renovación espiritual y estructural desde la raíz evangélica para que sea más fiel a Cristo y a la misión de evangelizar. En una entrevista dada en 2014 el Papa agregó: "Para mí, la gran revolución es ir a la raíces, reconocerlas y ver lo que esas raíces tienen que decir al día de hoy" (CYMERMAN, 2014, p. 6). Aquí se nota el doble sentido que se da a la reforma eclesial marcada por el Concilio: *ressourcement* por la vuelta a las fuentes y *aggiornamento* por la puesta al día (cf. THEOBALD, 2009, p. 697-699).

3.3 La novedad de continuar la reforma conciliar desde las periferias

a) El Concilio Vaticano II presentó la figura histórica del Pueblo de Dios peregrino y misionero en el mundo (LG 9, 17) y animó la reforma de la Iglesia por la obra del Espíritu (LG 4, UR 4). En la historia los creyentes caminan en comunión (*syn-hodos*) hacia la plenitud escatológica (LG 48, GS 45). El empeño conciliar por renovar la Iglesia (LG 8) expresó la voluntad de corresponder al don de Dios, crecer en fidelidad al Evangelio y avanzar en la unidad entre los cristianos. Por eso el Concilio se refirió a la reforma en el decreto sobre el ecumenismo (UR 4). Allí afirmó que "la Iglesia peregrina en este mundo es llamada por Cristo a esta perenne reforma de sí misma, de la cual ella, en cuanto institución humana y terrena, tiene continua necesidad" (UR 6).

b) En *Laudato si'* Francisco afirma que dirigió la *Evangelii gaudium* "a los miembros de la Iglesia en orden a *movilizar un proceso de reforma misionera todavía pendiente*" (LS 3). Su proyecto de reforma nace de la fuente del Evangelio y quiere completar las reformas del Vaticano II. Con él la recepción del Concilio y la reforma de la Iglesia –no sólo de la Curia romana- ingresaron en una nueva fase. Al Papa le interesa *la continuidad de la reforma conciliar*. Este pontificado puede ser visto como un desarrollo original y una nueva etapa del acontecimiento conciliar

"Tal es, creo, el cuadro general en el cual hay que situar *el acontecimiento Francisco*, que es, en sí mismo, *un desarrollo del acontecimiento del Concilio Vaticano II*: el pasaje a una inteligencia y una práctica renovadas del Evangelio" (LAFONT, 2017, p. 26).

c) Para el Papa el Vaticano II hizo una relectura del Evangelio y generó una dinámica irreversible.

"El Vaticano II supuso una relectura del Evangelio a la luz de la cultura contemporánea. *Produjo un movimiento de renovación que viene sencillamente del mismo Evangelio.* Los frutos son enormes. Basta recordar la liturgia. El trabajo de reforma litúrgica hizo un servicio al pueblo, releyendo el Evangelio a partir de una situación histórica concreta. Sí, hay líneas de hermenéutica de continuidad y de discontinuidad, pero una cosa es clara: *la dinámica de lectura del Evangelio actualizada para hoy, propia del Concilio, es absolutamente irreversible*" (SPADARO, 2013. p. 467).

d) En 2015, en el V Congreso de la Iglesia italiana en Florencia, Francisco explicó que "la reforma de la Iglesia – y la Iglesia es *semper reformanda* – es ajena al pelagianismo. Ella no se agota en el enésimo proyecto para cambiar las estructuras. Significa en cambio injertarse y radicarse en Cristo, dejándose conducir por el Espíritu. Entonces todo será posible con ingenio y creatividad" (FRANCISCO, 2015d, p. 9). Puso el acento en la obra renovadora del Espíritu Santo. Estamos en el comienzo de una nueva reflexión histórica, teológica, canónica, ecuménica, espiritual y pastoral sobre la reforma de la Iglesia y las reformas en la Iglesia desde el Evangelio, en la Tradición, y según el Concilio Vaticano II (cf. GALLI, 2016a, p. 51-77).

e) En el saludo navideño a la Curia de 2016, el Papa desarrolló *doce criterios-guía* para la reforma de ese organismo que ayudan a pensar todas las reformas comunitarias e institucionales (FRANCISCO, 2016d, p. 6-9; SEMERARO, 2016, p. 433-441). Ellos son: la individualidad o conversión personal; la pastoralidad o conversión pastoral; la misionariedad o cristocentrismo evangelizador; la distribución racional o racionalización de tareas; una mayor funcionalidad; la modernización o actualización en sintonía con los signos de los tiempos; la sobriedad y agilización; la subsidiaridad con autonomía y coordinación; la sinodalidad en todo nivel; la catolicidad intercultural; la profesionalidad con formación permanente; la gradualidad para el discernimiento o la flexibilidad necesaria para lograr una verdadera reforma.

f) La consigna *semper reformanda* -siempre en proceso de reforma- expresa la necesidad de la renovación en cada momento histórico. Implica dar un paso hacia adelante en el camino de la conversión personal, comunitaria y estructural hacia la santidad o plena comunión con Cristo. Hace años afirmó Bergoglio: "En la historia de la Iglesia católica los verdaderos renovadores son los santos. Ellos son los verdaderos reformadores, los que cambian, transforman, llevan adelante y resucitan el camino espiritual" (BERGOGLIO; A. SKORKA 2013, p. 214). Como Papa le corresponde avanzar en la reforma. Benedicto XVI le reconoce ese carisma y dice que es "el hombre de la reforma práctica".

g) El pontificado de Francisco confirma lo expresado por el dominico Yves Congar en 1950: *muchas reformas provienen de las periferias.* Varios movimientos de reforma estuvieron inspirados por un retorno a la pobreza evangélica y generaron un compromiso en favor de los pobres (PAGLIA,

2014, p. 7-31, 222-238, 258-304, 351-419, 551-567). "*Las iniciativas vienen sobre todo de la periferia*. Con razón se ha dicho que la historia progresa desde las márgenes. Las márgenes están más cerca de la periferia que el centro... Pero si la mayoría de las iniciativas provienen de la periferia, si las reformas no tienen pueden lograrse sino se apoyan sobre amplias corrientes apostólicas, unas y otras solo pueden realizar una reforma *de la Iglesia*, una reforma *en la Iglesia*, y no una ruptura, si son asumidas por la Iglesia, incorporadas en su unidad: eso se hace, concretamente, mediante la declaración y la aprobación de las autoridades, la consagración conferida al profetismo por la apostolicidad... En nuestra obediencia al Espíritu se halla inserta una especie de tensión, es decir, una relación entre dos polos igualmente necesarios. Y esta obediencia solo es plenamente verdadera si alcanza estos dos polos y llena el espacio que los separa. *Los dos polos son la iniciativa periférica y su consagración por el centro...*" (CONGAR, 2014/1950, p. 233, 234, 237, 240).

h) *Francisco promueve una reforma de la Iglesia y la sociedad desde las periferias de la pobreza*. Para nosotros, la opción por los pobres "marca la fisonomía de la Iglesia latinoamericana y caribeña" (A 391). Ella es el vínculo profundo que hay entre todas las corrientes de nuestra teología simbolizadas en las palabras pueblo, liberación y cultura. Una carta del argentino Lucio Gera al peruano Gustavo Gutiérrez, por sus ochenta años, muestra ese rasgo de la teología latinoamericana.

"He experimentado una afinidad contigo en el hecho de que tu reflexión teológica ha surgido de la experiencia y práctica pastoral, y se ha orientado hacia ella... Te debemos el agradecimiento por haber introducido y mantenido en la reflexión teológica y en la pastoral de la Iglesia la afirmación de la prioridad de los pobres."

3.4 La pirámide invertida: la novedad de una Iglesia sinodal

a) En 2015, en el *Discurso en la Conmemoración del 50 Aniversario de la institución del Sínodo de los Obispos*, Francisco se refirió a la sinodalidad como una "dimensión constitutiva de la Iglesia" (FRANCISCO, 2015e, p. 9). Ser sinodales significa *caminar juntos* y *reunirse* para discernir el camino a seguir bajo el impulso del Espíritu y la guía de los pastores. Las asambleas eclesiales son momentos privilegiados de comunión para descubrir el paso de Dios auscultando los nuevos signos de los tiempos. La reunión de Jerusalén (Hch 15,4-29) se expresó con esta fórmula: "El Espíritu Santo, y nosotros mismos, hemos decidido..." (Hch 15,28). En ella participaron, diversamente, "los apóstoles, los ancianos y la Iglesia entera" (Hch 15,22). Ella es el paradigma del discernimiento espiritual, comunitario y apostólico en la Iglesia. La sinodalidad muestra la comunión dinámica del Pueblo de Dios. El Papa jesuita, en la escuela del discernimiento, invita a discernir juntos la voluntad de Dios.

b) El discurso de Francisco no sólo supera la tradicional *imagen piramidal* de la Iglesia, sino que propone *una Iglesia sinodal* empleando la sugestiva imagen de *una pirámide invertida*.

"La sinodalidad, como dimensión constitutiva de la Iglesia, nos ofrece el marco interpretativo más adecuado para comprender el mismo ministerio jerárquico... Jesús ha constituido la Iglesia poniendo en su cumbre al Colegio apostólico, en el que el apóstol Pedro es la 'roca' (cf. Mt 16,18), aquel que debe 'confirmar' a los hermanos en la fe (Lc 22,32). Pero en esta Iglesia, como en una *pirámide invertida*, la cima se encuentra por debajo de la base. Por eso, quienes ejercen la autoridad se llaman 'ministros': porque, según el significado originario de la palabra, son los más pequeños de todos. Cada Obispo, sirviendo al Pueblo de Dios, llega a ser para la porción de la grey que le ha sido encomendada un *vicarius Christi* (LG 27), un vicario de Jesús, quien en la Última Cena se inclinó para lavar los pies de los apóstoles (Jn 13,1-15). En un horizonte semejante, el Sucesor de Pedro es el *servus servorum Dei*".

c) Para el Papa, *una Iglesia sinodal* implica renovar las instituciones que canalizan las actitudes de escucha recíproca, diálogo, iniciativa, recepción, intercambio, cooperación y participación. La sinodalidad ayuda a comprender y vivir el ministerio jerárquico – colegial y primacial – conforme con la eclesiología conciliar, como un servicio de amor al Pueblo de Dios (LG 18). La sinodalidad procura integrar las voces del Pueblo de Dios, el Colegio Episcopal y el Sucesor de Pedro.

d) La doctrina del *sensus fidei* de todo el Pueblo de Dios (LG 12a), expresa el carácter de sujeto activo de todos los bautizados en el Espíritu de Cristo y el servicio sacramental del ministerio apostólico. La sinodalidad puede articular los dones del pueblo cristiano, el episcopado y el primado según la lógica conciliar (cf. VITALI, 2014, p. 131-148). Esa eclesiología facilita la circularidad virtuosa entre la profecía de todos los bautizados (todos), la función de discernimiento de los obispos (algunos) y el ejercicio de la autoridad primacial del Papa (uno) en el servicio a la Iglesia de Cristo.

e) El *sentido de fe -sensus fidei-* del pueblo cristiano es como un «olfato» que ayuda a encontrar nuevos caminos. El sentido de la fe se expresa de diversas formas en la piedad católica popular y en la práctica de la consulta a los fieles (cf. COMISIÓN TEOLÓGICA INTERNACIONAL, 2014, ns. 107-112; 120-126). Los laicos, por su participación en la función profética de Cristo, aportan al discernimiento sinodal, en especial en cuestiones de su competencia (GS 44). El reconocimiento de su condición de sujeto eclesial dispone a escucharlos y aprender de ellos. La vida sinodal y las estructuras sinodaes pueden ayudar a articular la participación de todos y la autoridad de algunos en las iglesias locales y la Iglesia entera para anunciar el Evangelio.

f) La participación sinodal se expresa el axioma "lo que afecta a todos y a cada uno debe ser aprobado por todos" (*quod autem omnes uti singulos tangit ab omnibus approbari debet*). Este criterio estabece una regla de participación, consulta y acuerdo. En este axioma, "la tradición unía a la estructura jerárquica de la Iglesia un régimen concreto de asociación y de consentimiento", y consideraba esa práctica participativa y consultiva como "una tradición apostólica".

g) La reforma del Pueblo de Dios en la cabeza y en los miembros incluye un conjunto de reformas en las actitudes y las instituciones. Requiere la conversión de los pastores para formar un clero no clerical. El Papa delinea la figura pastoral del obispo y el presbítero y, en ese contexto, la nueva formación sacerdotal. Esta iniciativa plantea la reforma del clero existente y la formación de un nuevo clero según *el perfil del buen pastor* que va delante, al lado y detrás de su pueblo (EG 31) (cf. FARES, 2015).

4. Las novedades en la dimensión social del Evangelio

Desde el corazón del Evangelio del amor misericordioso, Francisco expone la *doctrina social de la Iglesia* como una profecía acerca de la justicia, la paz y el cuidado de la casa común (cf. GALLI, 2017, p. 12-14; 26). En este marco agrego el servicio mediador de la Iglesia en un continente de migrantes y migraciones.

4.1 Una Iglesia pobre y para los pobres por la justicia

a) Al visitar la parroquia Santos Zacarías e Isabel en una periferia de su nueva diócesis, Francisco afirmó que *la realidad se comprende mejor desde las periferias* (cf. SCANNONE, 2014, p. 183-196). Bergoglio acompañó la vida pastoral en los barrios de Buenos Aires (cf. DE VEDIA, 2013, p. 129-149). El Papa mira la situación mundial desde los pueblos pobres y los pobres de los pueblos. Las periferias no son sólo lugares privilegiados de misión sino también horizontes hermenéuticos que ayudan a conocer la realidad. Mirando desde las periferias, denuncia la desigualdad estructural que lleva a tantas personas a vivir precariamente (EG 52) y asume la causa de los excluidos por la cultura del descarte (EG 53, 195). En Bolivia llamó a buscar un modelo alternativo de desarrollo, justicia y paz (cf. FRANCISCO, 2016b, p. 89-105). La misericordia es una fuerza capaz de cambiar los procesos históricos y lleva a una nueva geo-política desde las periferias (cf. SPADARO, 2016, p. 209-226; LARRAQUY, 2016, p. 13-131).

b) El capítulo segundo de *Evangelii gaudium* analiza desafíos sociales (EG 50-75) y su correlato, el cuarto, piensa la dimensión social del *kerigma* acerca del Reino de Dios (EG 180-181), El Papa dice que muchas cuestiones deben ser profundizadas por todos porque él no tiene el monopolio en la interpretación de la realidad (EG 16, 51, 184). Con palabras de Pablo VI al Cardenal M. Roy en 1971 (OA 4), pide a las comunidades cristianas discernir desde el Evangelio los nuevos desafíos (EG 108). Ejerce un magisterio en movimiento centrado en el Evangelio y la evangelización, con un tono kerigmático, a partir de la jerarquía que hay en las verdades y las virtudes (cf. DIANICH, 2016, p. 15-33).

c) Francisco cuestiona la confianza puesta en el sistema económico imperante mientras los excluidos esperan y hay tantas vidas sin posibilidades (EG 54). Como hace en otros textos, denuncia *la nueva idolatría del dinero*, una figura de la *mamonna* de la iniquidad (Mt 6,24; Lc 16,13) y su "profunda crisis antropológica" (EG 55) (cf. FRANCESCO, 2014b, p. 5-12). Dice: "¡El dinero debe servir y no gobernar!" (EG 58). Señala que las estructuras injustas tienen un potencial mortífero (EG 59).

d) El capítulo IV recoge *otro aporte original de la Iglesia latinoamericana* desarrollado desde el documento "Pobreza de la Iglesia" de Medellín al capítulo 8 de Aparecida sobre "El Reino de Dios y promoción de la dignidad humana" (A 380-430). Nuestra Iglesia, ha pensado y actuado la integración de la promoción humana, el desarrollo integral y la liberación histórica en el mensaje del Evangelio y el proceso evangelizador. La sección "repercusiones comunitarias y sociales del kerigma" (EG 177-185) presenta la índole social del Reino de Dios. Enfatiza que la misión incluye "la íntima conexión que existe entre evangelización y promoción humana, que necesariamente debe expresarse y desarrollarse en toda acción evangelizadora" (EG 178).

e) El Papa considera los temas de la inclusión (EG 186-216) y la paz (EG 217-258). La *Evangelii gaudium*, en línea con Aparecida (A 391-398), presenta la fe en Cristo pobre y el lugar privilegiado de los pobres en el corazón de Dios: "De nuestra fe en Cristo hecho pobre y siempre cercano a los pobres y excluidos, brota la preocupación por el desarrollo integral de los más abandonados de la sociedad" (EG 186). La sección "los pobres en el corazón de Dios y de la Iglesia" (EG 186-216) contiene *la mejor exposición del magisterio pontificio sobre Cristo, la Iglesia y los pobres*. La afirmación principal, con Benedicto XVI y Aparecida, dice: "El corazón de Dios tiene un sitio preferencial para los pobres, tanto que hasta Él mismo 'se hizo pobre' (2 Co 8,9)" (EG 197) (cf. GALLI, 2015b, p. 259-296).

f) Con estos fundamentos teologales y cristológicos, el Obispo de Roma reafirma su sueño:

"*Quiero una Iglesia pobre para los pobres*. Ellos tienen mucho que enseñarnos. Además de participar del *sensus fidei*, en sus propios dolores conocen al Cristo sufriente. Es necesario que todos nos dejemos evangelizar por ellos. La nueva evangelización es una invitación a reconocer la fuerza salvífica de sus vidas y ponerlos en el centro del camino de la Iglesia. Estamos llamados a descubrir a Cristo en ellos, prestarles nuestra voz en sus causas, pero también a ser sus amigos, escucharlos, interpretarlos y recoger la misteriosa sabiduría que Dios quiere comunicarnos por ellos" (EG 198).

g) La opción por los pobres es "una categoría teológica" (EG 198), que "debe traducirse principalmente en una atención religiosa privilegiada y prioritaria" (EG 200). Porque muchos cristianos sencillos y postergados son *pobres en este mundo, pero ricos para Dios en la fe* (cf. St 2,5).

4.2 Una Iglesia que sirve a la cultura del encuentro y la paz

a) El capítulo IV de *Evangelii gaudium* desarrolla cuestiones relativas a la justicia y la paz a nivel nacional e internacional. Se dedica al diálogo por la paz y expone cuatro principios que guían una *cultura del encuentro* para asumir y superar las tensiones sociales (EG 217-237) (cf. SCANNONE, 2015a, p. 13-27). *E Papa presenta* su pensamiento, corroborado por su experiencia argentina, sobre el diálogo ecuménico e interreligioso forjado en la amistad con personas de iglesias cristianas, del Judaísmo, del Islam, de otras religiones y con seres humanos de buena voluntad que buscan la verdad, el bien y la belleza (EG 244-258). También fomenta el diálogo político y el diálogo interdisciplinario (EG 238-243).

b) En este marco se ubican todos sus gestos ecuménicos, en particular con las iglesias ortodoxas, y sus encuentros con el Patriarca Bartolomé de Constantinopla. Su viaje a Tierra Santa conmemoró el medio de siglo de la visita de Pablo VI a la tierra de Jesús en 1965, que incluyó la reunión con el Patriarca Atenágoras. Aquí se inscriben sus audaces iniciativas interreligiosas por la paz, como la Jornada de oración y ayuno por Siria, el viaje a Medio Oriente, la Oración en el Vaticano con las autoridades del Estado de Israel y la Autoridad Palestina (cf. SCANNONE, 2015b, p. 13-27). También su viaje a Suecia en 2016 y las intervenciones en este quinto centenario de la Reforma iniciada por Martín Lutero.

c) Su teología de la sociedad y de la historia se centra llama a constituir los pueblos mediante "una cultura del encuentro en una plural armonía" (EG 220). El actual obispo de Roma profundiza una antropología política inspirada en el humanismo cristiano, que ya expuso en 2010 en su discurso Nosotros como ciudadanos, nosotros como pueblo, en la Jornada de Pastoral Social de Buenos Aires en el inicio de nuestro Bicentenario patrio (cf. BERGOGLIO,

2013). Sostiene que hay que pasar de ser habitantes pasivos a ciudadanos responsables que cumplen derechos y deberes, y cultivar el sentido de la pertenencia a un pueblo que comparte un destino histórico común (cf. FARES, 2014a, p. 345-360; FARES, 2014b).

d) Francisco desarrolla brevemente cuatro principios que ayudan a desarrollar *una cultura del encuentro*: el tiempo es superior al espacio; la unidad prevalece sobre el conflicto; la realidad es más importante que la idea; el todo es superior a la parte. Ellos orientan a armonizar las diferencias para forjar proyectos comunes y contribuir a la paz en cada nación y en el mundo entero. También son criterios útiles de discernimiento histórico para interpretar los signos de los tiempos.

e) El segundo de los principios afirma: *La unidad prevalece sobre el conflicto* (EG 226-230). El conflicto es una realidad que hay que asumir, resolver y transformar en un eslabón de un nuevo proceso orientado a "desarrollar una comunión en las diferencias" (EG 228). La unidad del Espíritu armoniza todas las diversidades, incluso la dispersión dialéctica que afecta la interioridad personal y la convivencia social. Aquí se nota el influjo del jesuita argentino Ismael Quiles SI, quien pensó la unidad de la persona (EG 229, n. 183), y del pensador ítalo-alemán Romano Guardini, cuya filosofía ayuda a discernir la plenitud humana lograda en una época (EG 224, n. 182). *Laudato si'* cita a Guardini al analizar el paradigma tecnocrático globalizado (LS 101-136) (cf. GUARDINI, 1963).

f) Bergoglio piensa caminos de superación de las oposiciones manteniendo diferencias y asumiendo tensiones. Actualiza la teoría de Guardini acerca de la unidad superior que integra opuestos en tensión. En su obra juvenil *La oposición polar – Der Gegensatz –* aquel analizó el ritmo dialéctico que atraviesa la vida humana (cf. GUARDINI, 1985, p. 169-174)[2] y, en su obra sobre la Iglesia, lo empleó para pensar la relación entre la persona y la comunidad. Llamaba oposición al vínculo entre dos realidades que se rechazan y se ligan mutuamente y no pueden ser absorbidas una por la otra. Por eso Francisco proclama "la unidad es superior al conflicto" (EG 228) y "el todo es superior a la parte" (EG 235).

g) *El cuarto principio, el todo es superior a la parte* (EG 234-237), analiza la tensión entre la globalización y la localización. Los dos polos impiden caer en los extremos del universalismo abstracto y el localismo estrecho (EG 234). El camino de una síntesis superadora no se refleja en la figura de "la esfera global que anula ni la parcialidad aislada que esteriliza" (EG 235). Para Francisco, el *poliedro* es la figura que representa la cultura del encuentro. El poliedro es la unión de las parcialidades que, en la unidad, guardan sus originalidades (EG 236). Al buscar en lo universal unir las particularidades y, a la vez, conservar lo peculiar, se construyen puentes para superar abismos y derribar muros. Hay que actuar en lo pequeño con una mirada amplia.

4.3 Una Iglesia que anima a cuidar la casa común para todos

a) La encíclica *Laudato si'* se dirige a cada persona que vive en este planeta para "entrar en diálogo con todos acerca del cuidado de nuestra casa común" (LS 3) (cf. SPADARO

---

[2] Recomiendo leer el prefacio a la traducción italiana, escrito por Diego Fares, cf. *L'opposizione polare*, Milano, La Civiltá Cattolica – Corriere della sera, 2014, V-XI.

2015). Brinda un nuevo aporte a la doctrina social de la Iglesia, madurado en el corazón de Bergoglio. En la Conferencia de Aparecida, él y otros tomamos una mayor conciencia de la crisis ecológica al conocer el impacto continental y global de la depredación que sufre el Amazonas. Los obispos brasileños nos ayudaron a descubrirlo. Por eso el documento incluyó la sección "Biodiversidad, ecología, Amazonia y Antártida" (A 83-87). Algunas de sus afirmaciones son recogidas por esta encíclica socio-ambiental.

b) *Laudato si'* implica una teología de la creación, la naturaleza y la sociedad en un vivo intercambio entre la fe cristiana y las ciencias de la materia, la vida y la sociedad. Francisco se inspira en san Francisco de Asís y actualiza su preocupación por el débil y lo débil. Muestra la interrelación entre la inclusión, la paz y la ecología. Es como una nueva *Rerum novarum* porque plantea las cosas nuevas de la sociedad en el marco civilizatorio del siglo XXI y, es como una nueva *Populorum progressio* por la prioridad dada a los más pobres a escala internacional.

c) El Papa resalta la correlación correlación entre el clamor de los pobres y el grito de la tierra (LS 2) y entre el cuidado del ambiente natural o ecología ambiental, y el cuidado de los seres humanos, en especial de los más frágiles, o ecología social (LS 16). No son dos problemas separados sino dos dimensiones de *una única crisis socio-ambiental*. Noto -y me hacen notar- que en algunos países e iglesias se recoge sólo el factor ambiental o "mensaje verde", y no el fuerte contenido social.

d) Aquí se manifiesta el potencial semántico del título del documento: "*el cuidado de nuestra casa común*". Eco-logía

97

y eco-nomía provienen del término griego *oikos*, que designa tanto el edificio de la casa como la familia que la habita. Familia y casa constituyen el hogar, que se amplía al pueblo y la ciudad, a la sociedad nacional e internacional. La "casa común" incluye la humanidad y la tierra en sus múltiples interconexiones. Una *ecología integral* incluye aspectos personales, familiares, ambientales, económicos, sociales, políticos, culturales, urbanísticos. La ética del *cuidado* debe privilegiar tanto la defensa de los pobres como la protección de los ambientes.

e) El Papa señala la *crisis antropológica* que afecta al sentido de la vida y de la felicidad. Analiza el antropocentrismo moderno, el hedonismo postmoderno, la razón instrumental, el paradigma tecnocrático y la cultura del descarte. Reconoce los bienes aportados por la ciencia, la técnica, la innovación, la producción, el progreso y la educación, así como las medidas tendientes hacia un desarrollo justo y sustentable. Cuestiona la ambigüedad del poder basado en "un paradigma homogéneo y unidimensional" (LS 106); la idolatría del mercado y la corrupción del Estado que favorecen un consumo individualista pero no fomentan el desarrollo de bienes y servicios públicos; la cultura del descarte que desecha lo que no es un medio útil sin considerar la dignidad de los seres y desprecia la vida de la persona humana débil. Su filosofía política recrea la noción del bien común y pide diálogos multilaterales para lograr alternativas políticas y económicas locales, nacionales e internaciones que cuiden la tierra, el aire, el agua, el clima, la limpieza, la salud, la calidad de la vida y la biodiversidad como bienes de todos y para todos.

f) El capítulo VI plantea *otro estilo de vida* basado en la alianza entre el ser humano y el ambiente; la doctrina judeocristiana que equilibra el cultivo y el cuidado de la tierra; la conversión ecológica propuesta por Juan Pablo II; la sobriedad y la austeridad aunadas con la paz y la alegría; la amistad social como valor fundante de la convivencia justa; la cultura del trabajo y el goce del descanso, la belleza y la fiesta; la fe que descubre la presencia de la Trinidad en cada creatura y sus relaciones -sobre todo en el amor interpersonal- porque Dios es como el sol: "aunque no lo veamos, siempre está". La encíclica causa esperanza porque "las cosas pueden cambiar" (LS 13).

4.4 Una Iglesia migrante que construye puentes solidarios

a) En la continua encíclica de sus gestos, Francisco encarna la *Iglesia samaritana, misericordiosa y solidaria*. Su constante solicitud por los migrantes, refugiados y desplazados responde a un nuevo signo de este tiempo y al proceso de globalización multidimensional. Una de cada siete personas en el mundo se ha desplazado de su hogar original. Al visitar Lampedusa, Ciudad Juárez y Lesbos, el Papa denuncia la globalización de la indiferencia, el tráfico de seres humanos, la muerte evitable de tantas personas. Al crear el Dicasterio para el desarrollo humano integral se ha reservado para sí la secretaría para quienes sufren la migración forzada. Como Jesús, el sucesor de Pedro expresa el amor de Dios a las víctimas. Las decisiones y gestos, con su eficacia real y simbólica, no solucionan los dramas estructurales, pero señalan la dirección de los cambios. Los cristianos reconocemos en los migrantes el rostro y la voz de Jesús: *estuve de paso y me recibieron* (Mt 25,35).

b) Los inmigrantes llegan a sus nuevos destinos con sus creencias y valores, recreando sus identidades en nuevos lugares. Muchos están ayudando a dinamizar la fe católica y la piedad popular en países de otros continentes, convirtiéndose en *misioneros espontáneos* tanto en Europa como en Asia. Ellos llevan consigo no sólo sus pobrezas, necesidades y pecados, sino también sus riquezas, valores y virtudes, sobre todo el don de la fe católica manifestado en su piedad popular. Ellos pueden ayudar a recrear la fe donde se ha debilitado y "ofrecer un valioso aporte misionero" (A 415) (cf. CUDA, 2014, p. 145-158). Donde se juntan algunos mexicanos nace la devoción a la Virgen de Guadalupe. Una Iglesia en salida misionera debe integrar a los migrantes con su identidad cultural y su piedad popular en la nueva evangelización de las ciudades del mundo global. En Philadelphia Francisco evocó la historia norteamericana, desde la llegada de los colonos, para fundamentar el respeto a la identidad cultural y la libertad religiosa de todos los ciudadanos, antiguos y nuevos (cf. FRANCISCO, 2015e, p. 385-391).

c) En este marco se ubican su agradecimiento y su pedido a los obispos norteamericanos.

"Desde el inicio ustedes han aprendido sus idiomas, promovido sus causas, asumido sus dones, defendido sus derechos, ayudado a prosperar y mantenida viva la llama de la fe. Hasta hoy ninguna institución americana hace más por los inmigrantes que las comunidades cristianas. Ahora les toca el diluvio de inmigrantes latinos que afecta a muchas de sus diócesis. No sólo como obispo de Roma sino como un pastor desde el sur siento la necesidad de agradecer y animarles. Quizás no les sea fácil mirar el fondo de su alma; quizás su diversidad les signifique un desafío. Pero es importante saber que ellos tienen dones para compartir. Por tanto, no tengan miedo de acogerlos. Compartan con ellos el calor del amor de Cristo y entrarán en el misterio de su corazón. Estoy seguro que, al igual que muchas veces en el pasado, esta gente enriquecerá a los Estados Unidos y su Iglesia".

Las migraciones son un nuevo desafío para reconocer la alteridad y abrazar las diferencias. La fe lleva a mirar y amar al *otro* (*alter*) como a un *hermano* (*frater*). Por Jesús invocamos a Dios como "Padre nuestro" (Mt 6,9) y abrazamos a los otros pues "todos somos hermanos" (Mt 23,9).

d) El 5 de noviembre de 2016 Francisco habló a los participantes del tercer encuentro mundial de movimientos populares. Denunció el miedo que levanta muros que encierran, excluyen, separan, e invitó al amor que construye puentes que abren, incluyen, integran. Exclamó con fuerza:

"Todos los muros caen. Todos. No nos dejemos engañar. Sigamos trabajando para construir puentes entre los pueblos, puentes que nos permitan derribar los muros de la exclusión y la explotación. Enfrentemos el Terror con Amor… Las '3-T', ese grito de ustedes que hago mío, tiene algo de esa inteligencia humilde, pero a la vez fuerte y sanadora. Un proyecto – puente de los pueblos frente al proyecto – muro del dinero. Un proyecto que apunta al desarrollo integral" (FRANCISCO, 2016, p. 6-9).

Somos miembros de *la Iglesia peregrina y migrante en toda América*. Estamos llamados a ejercer un ministerio mediador que ayude a construir puentes entre las sociedades y culturas. La Iglesia en América presta un servicio mediador para facilitar la integración y evitar la exclusión.

Conclusión: el estilo mariano en la evangelización

María, la fe, la misión, la alegría y los pobres son tesoros de nuestra Iglesia regional. La piedad mariana del Papa comparte el amor a la Virgen que identifica al Pueblo de Dios, en especial en América Latina (cf. GALLI, 2018a; GALLI, 2018b). En 1992, el Quinto Centenario de la fe en América ayudó a asumir una nueva evangelización. En el año 1531, cuatro décadas después de 1492, se produjo el acontecimiento guadalupano, a través del cual "María, la gran misionera, continuadora de la misión de su Hijo y formadora de misioneros... trajo el Evangelio a nuestra América" (A 269). ¿Orientaremos nuestra mirada al quinto centenario de 2031? La conversión misionera tiene en la Virgen de Guadalupe, Madre de Dios y del Pueblo de Dios, un modelo inculturado para una evangelización renovada.

"Hay *un estilo mariano* en la actividad evangelizadora de la Iglesia. Porque cada vez que miramos a María volvemos a creer en lo revolucionario de la ternura y del cariño... Esta dinámica de justicia y ternura, de contemplar y caminar hacia los demás, es lo que hace de ella un modelo eclesial para la evangelización" (EG 288).

Referencias bibliográficas

BENEDICTO XVI. *Últimas conversaciones* (con P. Seewald), Bilbao: Mensajero, 2016.

BERGOGLIO, J. M. *En Él sólo la esperanza*, Madrid: BAC, 2013a.

BERGOGLIO, J. M. "La dulce y confortadora alegría de predicar", en: *El verdadero poder es el servicio*, Buenos Aires: Claretiana, 2013 (2ª).

BERGOGLIO, J. M. *Nosotros como ciudadanos, nosotros como pueblo*, Buenos Aires: Claretiana, 2013b.

BERGOGLIO, J. *Reflexiones espirituales sobre la vida apostólica* (1987), Bilbao: Mensajero, 2013c.

BERGOGLIO, J.; SKORKA, A. *Sobre el cielo y la tierra*, Buenos Aires: Sudamericana, 2013d.

BÜHLMANN, W. *La tercera iglesia a las puertas*, Madrid: Paulinas, 2ª, 1977.

COMISIÓN TEOLÓGICA INTERNACIONAL. *El "sensus fidei" en la vida de la Iglesia*, Madrid: BAC, 2014.

CONGAR, Y. *Verdadera y falsa reforma en la Iglesia*, Salamanca: Sígueme, 2014/1950.

CUDA, E. "Migración y misión. Una mirada desde Aparecida", *Teología* 112 (2014) 145-158.

CUDA, E. *Para leer a Francisco, Teología, ética y política*, Buenos Aires: Manantial, 2016.

CYMERMAN, H. "Entrevista al Papa Francisco", *L'Osservatore romano* 20/6/2014, p. 6.

DE VEDIA, M. *Francisco, El Papa del pueblo*, Buenos Aires: Planeta, 2013.

DIANICH, S. *Magistero in movimento. Il caso papa Francesco*, Bologna: EDB, 2016.

FARES, D. *El olor del pastor. El ministerio pastoral en la visión de Francisco*, Santander: Sal Terrae, 2015.

FARES, D. "La antropologia politica di Papa Francesco", *La Civiltá Cattolica* 3928 (2014) 345-360.

FARES, D. *Papa Francesco é come un bambú. Alle radice della cultura dell'incontro*, Roma: Ancora, 2014.

FERNÁNDEZ, V.; RODARI, P. *Il progetto di Francesco*, Bologna: EMI, 2014.

FIGUEROA DECK, A. *Francis, Bishop of Rome*, New York: Paulist Press, 2016.

FRANCESCO, "Prefazione", en: G. MÜLLER, *Povera per i poveri*, Vaticano: LEV, 2014.

FRANCESCO, *Nei tuoi occhi é la mia Parola. Omelie e discorsi dii Buenos Aires. 1999-2013*, con una conversazione con A. SPADARO, Milano: Rizzoli, 2016b, V – XLVIII; XV-XVI.

FRANCISCO, "Como el buen samaritano", *L'Osservatore romano*, 11/12/2015a, p. 7.

FRANCISCO, "Con la puerta abierta... una madre tierna y acogedora", *L'Osservatore romano*, 20/6/2014a, p. 3.

FRANCISCO, "Discurso del Papa en el segundo encuentro mundial de los movimientos populares", en: *Francisco en América Latina. ¿A qué nos convoca?*, Buenos Aires: Patria Grande, 2016c, 89-105.

FRANCISCO, "Discurso en la Conmemoración del 50 Aniversario de la institución del Sínodo de los Obispos" (17/10/2015c), *L'Osservatore romano* 23/10/2015, p. 9.

FRANCISCO, "El Evangelio hay que tomarlo sin calmantes. Conversación con los superiores generales", *La Civitá Cattolica* (Iberoamericana) 1/1 (2017) 14-25.

FRANCISCO, *El nombre de Dios es misericordia* (a cura di A. Tornielli), Barcelona: Planeta, 2016a.

FRANCISCO, "Encuentro con el Comité de Coordinación del CELAM", en: *La revolución de la ternura. XXVIII Jornada Mundial de la Juventud Río 2013*, Buenos Aires: PPC Cono Sur, 2013b.

FRANCISCO, *From Cuba to Philadelphia. A misión of love*, Vaticano: Librería Editrice Vaticana, 2015e, p. 385-391.

FRANCISCO, "Homilía en la plaza de San Francisco", *L'Osservatore romano*, 11/10/2013a, 5.

FRANCISCO, "La compañía de los inquietos", *L'Osservatore romano*, 10/1/2014 b, p. 2

FRANCISCO, "La lógica de la reforma. Discurso a la Curia romana", *L'Osservatore romano* 30/12/2016c, p. 6-9.

FRANCISCO, "La voluntad de caminar juntos", *L'Osservatore romano*, 30/5/2014b, p. 2.

FRANCISCO, "Libres y obedientes", *L'Osservatore Romano*, 28/10/2016b, p. 7.

FRANCISCO, "Sembradores del cambio. Discurso en el III Encuentro mundial de los movimientos populares", *L'Osservatore romano* (edición semanal en lengua castellana), 11/11/2016d, p. 6-9.

FRANCISCO, "Sueño con una Iglesia inquieta", *L'Osservatore Romano*, 13/11/2015b, p. 9.

GALLI, C. M. "La recepción del Concilio Vaticano II en nuestra incipiente tradición teológica argentina (1962-2005)", en: J. CAAMAÑO; G. DURÁN; F. ORTEGA; F. TAVELLI, *100 años de la Facultad de Teología. Memoria, presente, futuro*, Buenos Aires: Fundación Teología y Cultura – Agape, 2015e, p. 341-387.

GALLI, C. M. "El 'retorno' del 'Pueblo de Dios'. Un concepto – símbolo de la eclesiología del Concilio a Francisco", en: V. R. AZCUY; J. C. CAAMAÑO; C. M. GALLI, *La Eclesiología del Concilio Vaticano II. Memoria, Reforma y Profecía*, Buenos Aires: Agape – Facultad de Teología, 2015c, p. 405-471.

GALLI, C. M. "El amor y la alegría en la exhortación *Evangelii gaudium*", en: SOCIEDAD ARGENTINA DE TEOLOGÍA, *La caridad y la alegría: paradigmas del Evangelio*, Buenos Aires: Agape, 2015c, 65-103.

GALLI, C. M. "El magisterio social del Papa Francisco", *L'Osservatore romano*, 11-12/3/2017a, Edición especial en lengua española, Edición para Argentina. IV año de pontificado, p. 12-14;26.

GALLI, C. M. "El Pueblo de Dios en las culturas urbanas a la luz de *Evangelii gaudium*", en: CONSEJO EPISCOPAL LATINOAMERICANO, *Evangelización en las culturas urbanas*, Bogotá: CELAM, 2015b, p. 105-142.

GALLI, C. M. "La Iglesia como Pueblo de Dios", en: CELAM, *Eclesiología.* Bogotá: CELAM 117, 1990, p. 91-152.

GALLI, C. M. "La reforma misionera de la Iglesia según el Papa Francisco", en: A. SPADARO; GALLI, C. M. *La reforma y las reformas en la Iglesia*, Santander: Sal Terrae, 2016b.

GALLI, C. M. "La teología pastoral de Aparecida, una de las raíces latinoamericanas de *Evangelii gaudium*", *Gregorianum* 96 (2015a) 25-50.

GALLI, C. M. "Los pobres en el corazón de Dios y del Pueblo de Dios. Del 'Pacto de las Catacumbas' a la *Evangelii gaudium* de Francisco", en: X. PIKAZA; J. ANTUNES, *El Pacto de las Catacumbas y la misión de los pobres en la Iglesia*, Estella: Verbo divino, 2015d, p. 259-296.

GALLI, C. M. "Lucio Gera, buen pastor y maestro de teología", en: L. GERA, *Meditaciones sacerdotales*, V. AZCUY; J. CAAMAÑO; C. M. GALLI (eds.), Buenos Aires: Agape, 2015d, p. 15-43.

GALLI, C. M. "Pablo VI y la evangelización de América Latina. Hacia la nueva evangelización", en: ISTITUTO PAOLO VI, *Pablo VI y América Latina.* Brescia: Pubblicazioni dell'Istituto Paolo VI 24, 2002, p. 161-197.

GALLI, C. M. *Dios vive en la ciudad. Hacia una nueva pastoral urbana a la luz de Aparecida y del proyecto misionero de Francisco,* Buenos Aires: Ágape, 3ª edición corregida y aumentada, 2014a.

GALLI, C. M. *La alegría del Evangelio en América Latina. De Medellín a la canonización de Pablo VI*, Buenos Aires: Agape, 2018b.

GALLI, C. M. *La mariología de Francisco. Cristo, María, la Iglesia y los pueblos*, Buenos Aires: Agape, 2018a.

GALLI. C. M. "Synodalität in der Kirche Lateinamerikas", *Theologische Quartalscrift* 196/1 (2016a) 75-99.

GALLI. C. M., "Aparecida, ¿un nuevo Pentecostés en América Latina y el Caribe?", *Criterio* 2328 (2007) 362-371.

GALLI, "En la Iglesia está soplando el Viento del Sur", en: CELAM, *Hacia una Nueva Evangelización*, Bogotá: CELAM, 2012, 161-260.

GRANDE, A. *Aportes argentinos a la teología pastoral y a la nueva evangelización*, Buenos Aires: Ágape, 2011.

GRIECO, G. *La Chiesa 'francescana' di Papa Francesco*, Assisi: Cittadella, 2016, 9-34.

GUARDINI, R. *El fin de los tiempos modernos*, Buenos Aires: Sur, 1973.

GUARDINI, R. *El poder*, Madrid: Guadarrama, 1963.

GUARDINI, R. *Der Gegensatz. Versuche zu einer Philosophie des LebendigKonkreten* (1925), Nachwort von H. GERL, Mainz: Grünewald, 1985.

JUAN PABLO II; V. MESSORI, *Cruzando el umbral de la esperanza*, Barcelona: Plaza Janés, 1994.

KASPER, W. *Chiesa Cattolica*, Brescia: Queriniana, 2012.

KASPER, W. *La misericordia*, Santander: Sal Terrae, 2012.

KASPER, W. *Papa Francesco. La rivoluzione della tenerezza e dell'amore*, Brescia: Queriniana, 2015.

KASPER, W. *Testimone della misericordia*, Milano: Garzanti, 2015.

LAFONT, G. *L'Égllse en travail de réforme. Imaginer l'Église catholique* II, Paris: Cerf, 2011.

LAFONT, G. *Petit essai sur le temps du pape Francois*, Paris: Cerf, 2017.

LARRAQUY, M. *Código Francisco*, Buenos Aires: Sudamericana, 2016.

LUCIANI, R. *El Papa Francisco y la teología del pueblo*, Madrid: PPC, 2016.

METHOL FERRÉ, A. "Marco histórico de la Iglesia latinoamericana", *SEDOI* 4 (1974) 1-12.

ORTIZ, L. "El CELAM como servicio de comunión a las Iglesias particulares", *Medellín* 162 (2015) 309-213.

PAGLIA, V. *Storia della povertá.*, Milano: Rizzoli, 2014.

POTTMEYER, H. "Dal sinodo del 1985 al grande Giubileo dell'anno 2000", en: R. FISICHELLA (ed.), *Il Concilio Vaticano II. Recezione e attualità alla luce del Giubileo*, Torino: San Paolo, 2000, p. 11-25.

RICCARDI, A. *Periferie. Crisi e novitá per la Chiesa*, Milano: Jaca Book, 2016.

SCANNONE, J. C. "'La realtà si capisce meglio guardandola non dal centro, ma dalle periferie'", en: FRANCESCO, *Evangelii Gaudium. Testo integrale e Commento de "La Civiltà Cattolica"*, Milano: Ancora, 2014, p. 183-196.

SCANNONE, J. C. "Cuatro principios para la construcción de un pueblo según el Papa Francisco", *Stromata* 71/1 (2015) 13-27.

SCANNONE, J. C. *La teología del pueblo*, Santander: Sal Terrae, 2017.

SEMERARO, M. "La reforma di Papa Francesco", *Il Regno Attualità* 14 (2016) 433-441.

SPADARO, A. (a cura di), *Laudato si', Lettera enciclica sulla cura della casa comune. Testo integrale e commento de 'La Civiltá Cattolica'*, Roma: Ancora, 2015.

SPADARO, A. "Intervista a Papa Francisco", *La Civiltá Cattolica* 3918 (2013) 467.

SPADARO, A. "La diplomazia di Francesco. La misericordia como processo politico", *La Civiltá Cattolica* 3975 (2016) 209-226.

THEOBALD, CH. *La réception du concile Vatican II*. I. *Accéder a la source*, Paris: Cerf, 2009.

VITALI, D. *Verso la sinodalitá*, Torino: Qiqajón, 2014.

Igreja em saída: compromissos e contradições na proposta missionária do Papa Francisco

PAULO SUESS[*]

Após longos anos de um magistério tímido no aproveitamento das aberturas propostas pelo Vaticano II, o magistério do Papa Francisco vem descortinar os horizontes pós-conciliares de um inverno eclesial a serviço do mundo de hoje. O paradigma da "Igreja em saída" inspira, não sem contradições, a possibilidade de um novo agir pastoral do encontro e da proximidade entre Povo de Deus e Igreja hierarquicamente estruturada.

Ao comparar "a imagem ideal da Igreja [...] com o rosto real" (EG 26) surge o desafio de uma renovação profunda. A EG recorre a inspirações de Paulo VI (ES 10ss) e do Vaticano II (UR 6), que apresentaram "a conversão eclesial como a abertura a uma reforma permanente de si mesma por fidelidade a Jesus Cristo: 'Toda a renovação da Igreja consiste essencialmente numa maior fidelidade à própria vocação. [...] A Igreja peregrina é chamada por Cristo a esta reforma perene'" (EG 26). Certas cristalizações de estruturas eclesiais estorvam o dinamismo evangelizador: "Sem vida nova

---

[*] Doutor em Teologia pela Universidade de Münster, ex-professor da Pontifícia Faculdade Nossa Senhora da Assunção, em São Paulo, há décadas assessor do CIMI.

e espírito evangélico autêntico, sem 'fidelidade da Igreja à própria vocação', toda e qualquer nova estrutura se corrompe em pouco tempo" (EG 26). "A reforma das estruturas, que a conversão pastoral exige, só se pode entender neste sentido: fazer com que todas elas se tornem mais missionárias" (EG 27).

1. O panorama

Ao contrário de suas intenções, a Igreja pós-conciliar de Wojtyla e Ratzinger não conseguiu impor o rigor de sua disciplina na própria casa nem conter os fugitivos da Igreja Católica dentro de seus muros. Com a renúncia do Papa Bento XVI, ofereceu-se ao sucessor, o Papa Francisco, a possibilidade de retomar as intenções fundantes do Vaticano II, oxigenadas pelo método indutivo da *Gaudium et spes*, que na teologia latino-americana tinha sua guardiã criativa.

1.1 Metamorfose da "Nova Evangelização"

A "Igreja em saída" está substituindo o paradigma da "Nova Evangelização", que remete à XIII Assembleia Geral Ordinária do Sínodo dos Bispos, que em 2012 discutiu "A nova evangelização para a transmissão da fé cristã". A *Evangelii gaudium* (EG), que deveria ser a síntese das "Proposições" daquele sínodo, foi muito além. Em vários itens, o papa menciona o Sínodo (cf. EG 14, 16, 73, 112, 245), contudo, faz do seu texto não só um resumo do material herdado, mas um escrito autônomo e programático de seu papado. Para Francisco, o foco da "nova evangelização" não são os destinatários, mas os sujeitos: "A nova evangelização deve implicar um novo protagonismo de cada um dos batizados [...]; não digamos mais que somos 'discípulos' e 'missionários', mas sempre que somos 'discípulos missionários'" (EG 120), que constituem a comunidade missionária. Nela se gesta o sonho de "uma opção missionária capaz de transformar tudo, para que os costumes, os estilos, os horários, a linguagem e toda a estrutura eclesial se tornem um canal proporcionado mais à evangelização do mundo atual que à autopreservação" (EG 27). A "transformação missionária da Igreja" é o lugar da "Igreja em saída". Na "transmissão da fé" da EG a questão catequética é subordinada à vivência missionária da fé: "Não se deve pensar que o anúncio evangélico tenha de ser transmitido sempre com determinadas fórmulas preestabelecidas [...] que exprimam um conteúdo absolutamente invariável. Transmite-se com formas tão diversas [...], cujo sujeito coletivo é o povo de Deus, com seus gestos e sinais inumeráveis" (EG 129).

1.2 Revisão histórica

O paradigma da "Igreja em saída" exige, além de um êxodo geográfico e social, sobretudo saídas ideológicas, mudanças culturais e revisões históricas que são de longa duração. A Igreja, que perdeu sua capacidade de voar pela permanência na "gaiola pós-conciliar", necessita de uma fisioterapia prolongada para recuperar sua capacidade de movimentar-se, de voar e de assumir, corajosamente, as novas necessidades pastorais.

A "Igreja em saída" não pode concentrar-se somente no aqui e agora da situação herdada. Ela necessita de critérios para o discernimento do passado e as prioridades do futuro. Para um sucessor provar a sua legitimidade, não bastam citações textuais dos antecessores. Às vezes, é necessário corrigir o passado imediato para conectar-se com a legítima tradição da Igreja, com sua origem e com seus mártires. A causa, pela qual alguém dá a vida, contém, geralmente, um núcleo histórico da verdade.

1.3 "Hospital de campanha"

O Papa Francisco precisa de muita lucidez e habilidade para discernir sua herança na Cátedra de Pedro. A "Igreja em saída", que chega às periferias, não pode chegar apenas como "hospital de campanha" (SPADARO, 2013, p. 19), sem memória. Existe também uma margem eclesial, uma marginalização pela própria Igreja, que pode ser de natureza teológica, pastoral e política. A "Igreja em saída" há de chegar também nessa periferia com a memória subversiva de Jesus, que não permite encobrir unilateralidades teológicas, marginalizações pastorais ou os ares de colonização desse passado com ramificações até o momento presente, jogando simplesmente uma pá de cal em cima.

A "Igreja em saída" não pode sair apenas com uma "aspirina pastoral", sem anamnese profunda, luto coletivo e conversão permanente. A necessidade de conversão permanente não é algo vergonhoso. É o reconhecimento da nossa historicidade como santos e pecadores, sempre guiados pela graça de Deus e por decisões e responsabilidades próprias. A conversão é a possibilidade de sanar o desajuste na relação entre graça divina e responsabilidade humana. Em sua dimensão estrutural, conversão significa "transformação".

2. O amanhecer de uma "Igreja em saída"

Em consequência da opção latino-americana pelos pobres, não era muito difícil convencer a comunidade eclesial da necessidade de a Igreja ser uma Igreja que opta por uma teologia indutiva, que parte da realidade concreta, e de uma Igreja de portas abertas, que permite "uma constante saída para as periferias do seu território ou para os novos âmbitos socioculturais" (EG 30; cf. 23). Quem se propõe "ser o fermento de Deus no meio da humanidade" (EG 114) está sempre em busca "de ter respostas que encorajem, deem esperança e novo vigor para o caminho" (ibid.) do povo de Deus. Essa Igreja cumpre a sua missão quando se torna "o lugar da misericórdia gratuita, onde todos possam sentir-se acolhidos, amados, perdoados e animados a viverem segundo a vida boa do Evangelho" (EG 114). Para cumprir esse propósito, o Papa Francisco constrói sua visão da Igreja em saída com sete verbos: abrir, sair, caminhar, converter (transformar), priorizar, despojar, diversificar na unidade do Espírito Santo.

"A Igreja é chamada a ser sempre a casa aberta do Pai" (EG 47). Essa abertura pode apontar para o espaço físico "com as portas abertas" (EG 47). Mas há outras "portas" que também não devem estar fechadas: a participação, "de alguma forma, da vida eclesial [...]. Isto vale, sobretudo, quando se trata daquele sacramento que é a 'porta': o Batismo. A Eucaristia, embora constitua a plenitude da vida sacramental, não é um prêmio para os perfeitos, mas um remédio generoso e um alimento para os fracos. [...] A Igreja, porém, não é uma alfândega, mas a casa paterna, onde há lugar para todos com a sua vida fadigosa" (EG 47). A porta aberta é sinal de um ir e vir livre, de envio e acolhida.

2.1 Itinerância salvífica

"Na Palavra de Deus, aparece constantemente este dinamismo de 'saída' [...]. Abraão aceitou o chamado para partir rumo a uma nova terra [cf. Gn 12,1-3]. Moisés ouviu o chamado de Deus: 'Vai; Eu te envio' [Ex 3,10], e fez sair o povo para a terra prometida [cf. Ex 3,17]. A Jeremias disse: 'Irás aonde Eu te enviar' [Jr 1,7]. Naquele 'ide' de Jesus, estão presentes os cenários e os desafios sempre novos da missão evangelizadora da Igreja, e hoje todos somos chamados a esta nova 'saída' missionária". Como operacionalizar essa saída? "Sair da própria comodidade e ter a coragem de alcançar todas as periferias" (EG 20).

"A Igreja 'em saída' é a comunidade de discípulos missionários [...], que se envolvem, que acompanham, que frutificam e festejam" (EG 24). O modelo dessa missionariedade é a itinerância do próprio Jesus. "A intimidade da Igreja com Jesus é uma intimidade itinerante, e a comunhão 'reveste essencialmente a forma de comunhão missionária'" (23).

O dinamismo missionário da Igreja se dirige a todos, mas o Evangelho indica prioridades, porque somos enviados "sobretudo aos pobres e aos doentes, àqueles que muitas vezes são desprezados e esquecidos, 'àqueles que não têm com que te retribuir' [Lc 14,14]" (EG 48). "Deus 'manifesta a sua misericórdia antes de mais' a eles. Esta preferência divina tem consequências na vida de fé de todos os cristãos. [...] Inspirada por tal preferência, a Igreja fez uma opção pelos pobres" (EG 198). A preferência de destinatários pobres exige uma prioridade de preocupações.

2.2 Ao encontro dos pobres

O autor da EG sonha com "uma Igreja pobre para os pobres. Estes têm muito para nos ensinar. Além de participar do *sensus fidei*, do faro da fé, nas suas próprias dores conhecem Cristo sofredor. É necessário que todos nos deixemos evangelizar por eles" (EG 198). "A Igreja não evangeliza, se não se deixa continuamente evangelizar" (EG 174) pelos pobres. "A nova evangelização é um convite a reconhecer a força salvífica das suas vidas, e a colocá-los no centro do caminho da Igreja. Somos chamados a descobrir Cristo neles: [...] a acolher a misteriosa sabedoria que Deus nos quer comunicar através deles" (EG 198).

Concretamente, é o desejo de ser "uma Igreja pobre para os pobres" (EG 198), que nos impede de cultivar "um cuidado exibicionista da liturgia, da doutrina e do prestígio da Igreja" (EG 95), sem se preocupar "que o Evangelho adquira uma real inserção no povo fiel de Deus e nas necessidades concretas da história" (EG 95). Facilmente, a ministerialidade pode transformar-se "num funcionalismo empresarial, [...] onde o principal beneficiário não é o povo de Deus, mas a Igreja como organização" (ibid.).

2.3 Sabedoria prática

A proposta da "Igreja em saída", com ramificações nas suas práticas cotidianas, por enquanto, é mais assumida nos documentos das Igrejas locais do que nas suas práticas pastorais. As Diretrizes Gerais da Ação Evangelizadora da Igreja no Brasil (DGAE/2015), por exemplo, assumem a dimensão cristológica do paradigma da "Igreja em saída" como pressuposto da encarnação: "Viver o encontro com Jesus Cristo implica necessariamente amor, gratuidade, alteridade, unidade, eclesialidade, fidelidade, perdão e reconciliação" (DGAE/2015, n. 15). Falta, porém, mais audácia e coragem de transformar as Diretrizes em propostas concretas de uma "Igreja em saída". Por ocasião da Jornada Mundial da Juventude (JMJ), em seu discurso aos bispos do Brasil, sábado, 27 de julho de 2013, o papa cobra essa coragem do episcopado brasileiro: "É preciso ter a coragem de levar a fundo uma revisão das estruturas de formação e preparação do clero e do laicato da Igreja que está no Brasil. Não é suficiente uma vaga prioridade da formação, nem documentos ou encontros. Faz falta a sabedoria prática de levantar estruturas duradouras de preparação em âmbito local, regional, nacional [...]" (JMJ/CNBB, p. 67).

3. Obstáculos, ambivalências, contradições

A Igreja "em saída" encontra obstáculos previsíveis. O Papa Francisco prefere "uma Igreja acidentada, ferida e enlameada por ter saído pelas estradas, a uma Igreja enferma pelo fechamento e a comodidade de se agarrar às próprias seguranças. [...] Mais do que o temor de falhar, espero que nos mova o medo de nos encerrarmos nas estruturas que nos dão uma falsa proteção, nas normas que nos transformam em juízes implacáveis, nos hábitos em que nos sentimos tranquilos, enquanto lá fora há uma multidão faminta" (EG 49). A Igreja "enlameada" pelo encontro com os sobreviventes das lutas sociais não está em contradição com a Igreja imaculada. É a Igreja dos mártires que vem da grande tribulação e que lavou "as suas vestes no sangue do Cordeiro" (Ap 7,14). A saída exige "prudência e audácia" (EG 47), "coragem" (EG 33, 167, 194) e "ousadia" (EG 85, 129). Audácia, coragem e ousadia podem ser prudentes? O papa responde: "Ousemos um pouco mais no tomar a iniciativa" (EG 24)!

3.1 Imperativos de vigilância

Nos imperativos da EG percebe-se resistências internas à "Igreja em saída". A quem se dirige o Papa Francisco ao nomear essas tensões ou para estimular sua própria vigilância? Com quem pode contar nessa luta *ad intra*?

- "Não deixemos que roubem nosso entusiasmo missionário!" (EG 80).

- "Não deixemos que nos roubem a alegria da evangelização!" (EG 83).

- "Não deixemos que nos roubem a esperança!" (EG 86).

- "Não deixemos que nos roubem a comunidade!" (EG 92).

- "Não deixemos que nos roubem o Evangelho!" (EG 97).

- "Não deixemos que nos roubem o ideal do amor fraterno!" (EG 101).

- "Não deixemos que nos roubem a força missionária!" (EG 109).

Quem ameaça o Evangelho, a alegria da evangelização, a esperança, o amor fraterno, a comunidade, a força e o entusiasmo missionários? Quem são os inimigos internos da Igreja?

3.2 Contradições no Sínodo

No Sínodo dos Bispos reunidos na XIV Assembleia Geral Ordinária, sobre "A vocação e a missão da família na Igreja e no mundo contemporâneo", se mostrou a contradição entre a Eucaristia "alimento para os fracos" e mediadora da graça e uma compreensão da participação na mesa eucarística que já pressupõe o estado de graça. Resumidamente: os divorciados que vivem em segundo casamento podem comungar ou não? A demonstração teológica de que a comunhão nessas circunstâncias não significa abrir mão da indissolubilidade do sacramento matrimonial, mas sim o reconhecimento da vulnerabilidade desse sacramento, ainda não encontrou um consenso eclesial.

Em seu discurso de encerramento (24.10.2015) do sínodo, o Papa Francisco se referiu, delicadamente, a essas discordâncias, criticando a "hermenêutica conspiradora", "a perspectiva fechada" e "métodos não inteiramente benévolos". Trata-se de modelos eclesiais quase opostos. Diante da ameaça de uma cisma, o Papa Francisco e o setor eclesial que ele representa são obrigados a recuos estratégicos.

3.3 Thomas Münzer

Quem são esses assaltantes e ladrões que querem roubar as dádivas da nossa fé? Quem são os que se opõem a uma "Igreja em saída"? Às vezes, o Papa parece ser prisioneiro da própria instituição que representa. Friedrich Engels lamenta a sorte de um líder de um movimento revolucionário, como a do teólogo da revolução Thomas Münzer (1490-1525), cuja consciência é mais avançada do que a do povo que representa: "O pior que pode acontecer [...] é ser forçado a encarregar-se do governo num momento em que o movimento ainda não amadureceu suficientemente [...]. O que ele pode fazer contradiz seus princípios [...], o que ele deve fazer é impossível de realizar. [...] Quem chega a essa situação, está irremediavelmente perdido" (ENGELS, 1975, p. 142). A fragilidade do Papa Francisco, provavelmente, está em sua pertença a dois setores que ele representa: no povo simples e desorganizado, que tem pouca representatividade na Igreja; e também no setor ao qual ele mesmo pertence, na hierarquia integrada em estruturas cristalizadas. Dos trilhos de representação (do povo de Deus) e pertença (à estrutura hierárquica) que deveriam, no sonho de Francisco, dar sustento ao monotrilho de uma "Igreja pobre para os pobres" (EG 198), ou melhor, para uma "Igreja pobre dos pobres", emergem contradições, conveniências, opções pelo mal menor.

3.4 Pedido de perdão na Bolívia

Em seu discurso aos movimentos populares na Bolívia, no dia 9 de julho de 2015, o Papa Francisco pediu perdão aos povos indígenas pelos "muitos e graves pecados contra os povos nativos da América, em nome de Deus". O papa pede "humildemente perdão, não só para as ofensas da própria Igreja, mas também para os crimes contra os povos nativos durante a chamada conquista da América" (cf. sítio do Vaticano, 09/07/2015, n. 3.2.).

Ao pedido de perdão segue, como é costume em documentos que passaram pela "revisão" curial, um "porém" sobre a graça que superabundou na desgraça, um autoelogio eclesial sobre "tantos bispos, sacerdotes e leigos que pregaram e pregam a boa-nova de Jesus com coragem e mansidão". Estes arautos da evangelização, segundo o mesmo discurso de Francisco, "deixaram impressionantes obras de promoção humana e de amor, pondo-se muitas vezes ao lado dos povos indígenas ou acompanhando os próprios movimentos populares mesmo até ao martírio", não sem lembrar que "a nossa fé é revolucionária, porque a nossa fé desafia a tirania do ídolo dinheiro".

No descompasso do "pedido de perdão" ao lado da "autorreferencialidade", colocando lado a lado posturas da teologia e pastoral da libertação do século XX e "impressionantes obras de promoção" do século XVIII, que fizeram os índios trabalhar no regime da encomenda colonial, percebe-se que o Papa permitiu enxertos em seu discurso que o enfraqueceram profundamente. A teologia colonial considerou os índios não como sujeitos de culturas, mas como objetos da natureza, e por isso os chamou de *los naturales*". O dominicano Bartolomé de las Casas documentou as crueldades genocidas dessa conquista. Sua luta contra a exploração da força de trabalho dos índios, bem como a de Antonio Montesinos, foram lutas solitárias (LAS CASAS, 1984; SUESS, 1992).

3.5 Canonização de Junípero nos Estados Unidos

Ao pedido de perdão na Bolívia, acompanhado pelo aplauso dos índios presentes no evento, segue, sob o protesto de muitos indígenas dos Estados Unidos e do México, a canonização de Frei Junípero Serra, no dia 23 de setembro em Washington.

Quem era o franciscano Junípero (1713-1784) e a quem serve sua canonização? Filho de pequenos agricultores, nasceu em Petra, na ilha Maiorca. Tornou-se franciscano e chegou a lecionar teologia na Universidade de Palma. Em 1749, Junípero chega com 20 frades ao Vice-Reino da Nova Espanha (México). Depois da expulsão dos jesuítas da Nova Espanha (1767/68) por Carlos III, os franciscanos assumem, sob a responsabilidade de Junípero Serra, o cuidado dos indígenas na península Baixa Califórnia, que na época ainda pertencia ao império da Espanha. Os frades percorreram os vastos territórios de presença indígena, ergueram capelas e cabanas, convidaram os índios a morarem perto para poder ensiná-los catequese e fixa-los à terra através de noções de agricultura e pecuária. Os confrades de Junípero se tornaram fundadores de uma vasta rede de missões nas quais os índios, progressivamente, passaram de donos da terra para inquilinos das missões, onde eram forçados a ficar e trabalhar. Quem fugiu, foi trazido de volta por soldados e castigado.

Hoje, os índios falam de "atrocidades", "etnocídio" e "mitologia das missões", criada pelos não indígenas da elite católica regional, que propulsou a canonização de Junípero Serra. Andrew Galvan, historiador e curador da "Missão Dolores", fundada por Junípero em 1776, pergunta: "Se eu sei o que aconteceu com os meus antepassados, como posso ser devoto de Junípero Serra?". E Galvan cita uma carta "na qual o padre Serra ordenava chicotadas para os índios desobedientes" (POGASH, 2015; REESE, 2015).

Desde que o Papa Bento XVI, por ocasião da beatificação de João Paulo II, esclareceu que a pessoa beatificada ou canonizada necessita ter vivido apenas uma virtude heroicamente, não precisamos discutir a santidade de Junípero, que, certamente, mais de uma virtude viveu heroicamente. O que precisa ser discutido é a oportunidade de sua canonização. Muitos dos "Santos Padres", por exemplo Agostinho e Ambrósio, hoje, seguramente, não seriam mais canonizados devido a muitos dos seus sermões e atitudes antijudaicas.

Portanto, a pergunta correta no contexto da canonização de Junípero é: *Cui bono* (a quem beneficia)? Um Santo Junípero vai fortalecer as lutas dos povos indígenas hoje ou vai legitimar o paternalismo e autoritarismo dos seus tutores e enfraquecer as lutas dos povos indígenas pelo reconhecimento de seus direitos, de suas culturas e por sua autodeterminação?

4. Condor ou avestruz?

Depois de um longo inverno eclesial, o Papa Francisco foi eleito para devolver à Igreja a esperança da primavera. O papa dos Pampas argentinos nos falou, em muitas ocasiões, do óbvio, dos vícios burocráticos enraizados, de doutrinas cristalizadas e da necessidade de mudanças. As mudanças climáticas de agora exigem inovações práticas. Com quem ele pode fazer essas reformas?

Como um Condor, em voo livre, Francisco desceu dos Andes latino-americanos e pousou nas colinas de Roma, onde se encontrou com avestruzes que não sabem voar. Quando aparecem dificuldades, eles correm ou escondem sua cabeça na areia.

Em seu discurso final, no último dia do Sínodo (24.10.2015), o papa se refere à essa "cabeça na areia" de sinodais e colaboradores curiais: precisamos abordar as dificuldades, disse o Papa "sem medo e sem esconder a cabeça na areia".

A metáfora explica muitas dificuldades de Francisco, e ele nos pergunta: "Como posso trabalhar com avestruzes, que não sabem voar, que correm, na hora do perigo, e escondem a cabeça na areia?". "Como posso trabalhar com gente sem sonhos e consciências anestesiadas? Com colaboradores que têm medo de tudo e procuram a sua salvação na fuga? Com um clero que não quer ver as realidades e põe a cabeça na areia?"

O paradigma da "Igreja em saída" não é uma receita nem aponta para um aplicativo virtual. É um horizonte que nos faz caminhar em meio a pedras e sonhos.

Referências bibliográficas

ENGELS, Friedrich. *As guerras camponesas na Alemanha*. Lisboa: Editorial Presença, 1975.

LAS CASAS, Frei Bartolomé de. *Brevíssima relação da destruição das Índias*: o paraíso destruído. Porto Alegre: L&PM, 1984.

POGASH, Carol. Índios dos EUA levantam dúvidas sobre a santidade de Junípero Serra. *The New York Times*, 21/01/2015. Republicado em IHU, Notícias, 23/01/2015.

REESE, Thomas. Junípero Serra, santo ou não? Entrevista com Roberto Senkewicz em *National Catholic Reporter* (15/05/2015). Republicado em IHU, Notícias, 28/05/2015.

SPADARO, Antonio. *Entrevista exclusiva do Papa Francisco*. São Paulo: Paulus/Loyola, 2013.

SUESS, Paulo (org.). *Conquista espiritual da América Espanhola*: 200 documentos – Século XVI. Petrópolis: Paulus/Loyola, 1992.

Eclesiología latinoamericana en el pensamiento del Papa Francisco

JOSÉ DE JESÚS LEGORRETA ZEPEDA[*]

Se ha hablado con insistencia del aire fresco y la apertura que acompañan los gestos y dichos del Papa Francisco. Estas señales han sido leídas por muchos fieles como un soplo del Espíritu; lo cual, teológicamente nos lleva a preguntarnos si el Papa tiene una idea o modelo eclesiológico más o menos definido hacia el cual desea orientar a la Iglesia; si su proyecto guarda algún tipo de continuidad o discontinuidad con el *aggiornamento* eclesial del Concilio Vaticano II y, también, si continuará o no con la peculiar recepción del Vaticano II hecha durante los pontificados de Juan Pablo II y Benedicto XVI. Dada la proveniencia latinoamericana del Papa Francisco, también se impone la cuestión sobre si está teniendo algún tipo de presencia la teología latinoamericana de la liberación en la concepción papal de la Iglesia.

En las páginas que siguen intentamos responder a estas y otras cuestiones eclesiológicas; para lo cual hemos tomado como referencia de la eclesiología de Francisco su Exhortación apostólica *Evangelii gaudium*. En una primera parte contextualizamos la Exhortación en tres grandes coordenadas de la eclesiología contemporánea: la transición ecle-

---

[*] Profesor del Departamento de Ciencias Religiosas en la Universidad Iberoamericana, Ciudad de México.

siológica emprendida por el Vaticano II de una eclesiología jurídico-societaria hacia una eclesiología de Pueblo de Dios y comunión; la recepción creativa y contextualizada de este tránsito en las iglesias y teologías de América Latina; y, la ubicación problemática de la eclesiología latinoamericana en un contexto de crisis eclesial. A la luz de lo anterior, en una segunda parte analizamos la eclesiología de la Exhortación del Papa Francisco, poniendo atención especial en la manera como su planteamiento está o no influido por la eclesiología latinoamericana.

1. La eclesiología latinoamericana en el marco de la renovación eclesiológica del Vaticano II

1.1 De una Iglesia de cristiandad a una iglesia de comunión

El Concilio Vaticano II fue antes que una serie de decisiones y documentos, un acontecimiento eclesial que puso en marcha un movimiento de revisión y renovación de la identidad, instituciones y prácticas de la Iglesia. En opinión de gran número de teólogos e historiadores, esta gran tarea que se propuso el Concilio se orientó a transitar de una eclesiología jurídico-societaria, típica de la época tridentina, a una eclesiología de comunión, acorde con el Nuevo Testamento, la gran tradición eclesial del primer milenio y los signos de los tiempos (ACERBI, 1975; ESTRADA 1988; ALBERIGO 2007). Este tránsito complejo quedó plasmado en todos los documentos conciliares; sin embargo, van a ser dos grandes constituciones donde se condensará de manera especial ese propósito: la *Constitución Dogmática sobre la Iglesia* (LG) y la *Constitución Pastoral sobre la Iglesia en el*

Mundo Actual (GS). La historia documental de la primera es sin duda muy ilustrativa de lo que venimos diciendo. El primer borrador *De Ecclesia* elaborado por la comisión preparatoria y presentado a los padres conciliares para su discusión (1962), tuvo el mérito de sintetizar en diez capítulos la eclesiología jurídico-societaria preponderante en los últimos quinientos años; eclesiología que ponía un énfasis excesivo en los elementos organizativos, institucionales y jurídicos, siendo la jerarquía eclesiástica su eje central. Cabe hacer mención que esta eclesiología fue criticada y rechazada por la mayoría de los padres conciliares, quienes apelaron, más bien, por transitar de una Iglesia de *cristiandad* establecida sociocultural y políticamente, a otra de *misión*; de una eclesiología que acentúa lo institucional, jurídico y societario a una eclesiología *mistérica*; de una eclesiología jerárquica como causa y estructura primera del ser eclesial, a una eclesiología de *pueblo de Dios* como lo más determinante para la Iglesia; de una Iglesia católica que *es* la Iglesia de Cristo, a una Iglesia de Cristo que subsiste en la Iglesia católica (LG 8); de una eclesiología predominantemente cristomonista a una eclesiología trinitaria; de una Iglesia "triunfalista" y "autorreferencial" a una *Iglesia como sacramento*; de una Iglesia yuxtapuesta y confrontada con el mundo, a una Iglesia *en* el mundo dehoy que dialoga críticamente con él.

No obstante éste emblemático *aggiornamento* plasmado en la Constitución Dogmática aprobada en junio de 1964, su teología adoleció de cierto eclesiocentrismo y dualismo. *Lumen gentium* parte de una reflexión sobre la Iglesia en sí para después dialogar con el mundo. Este método será cambiado en la *Gaudium et spes*, la cual se estructuró y desarrolló su reflexión a partir de un método inductivo. Su primer momento va a ser "escrutar los signos de los tiempos", para en segundo lugar, analizar esos signos a la luz del Evangelio y, entonces, discernir la identidad y misión de la Iglesia (ESTRADA, 2006, p. 99; GALLO, 2004, p. 51-56, 67-69). Esta innovación metodológica en un documento oficial de la Iglesia respondió a una convicción teológica asumida por los padres conciliares: "no hay nada verdaderamente humano que no halle eco en el corazón de la Iglesia" (GS 1). De este modo, la Iglesia abandonó el dualismo que por siglos la condicionó a evadirse de las "realidades terrenas", supuestamente para dedicarse a las divinas. Pues bien, el método inductivo y sus supuestos teológicos serían asumidos y llevados a la práctica pastoral y teológica en las comunidades eclesiales de base y en la teología de la liberación pocos años después.

1.2 Recepción latinoamericana de la eclesiología del Vaticano II

La II Conferencia General del Episcopado Latinoamericano celebrada en la ciudad de Medellín (Colombia) en 1968 se propuso explícitamente aplicar las decisiones conciliares a la realidad latinoamericana, tal como rezó el título oficial de la asamblea: *La Iglesia en la actual transformación de América Latina a la luz del Concilio*. Un rasgo novedoso del episcopado latinoamericano en dicha asamblea consistió en hacer una recepción creativa de *Lumen gentium* desde la eclesiología de la *Gaudium es spes*, cuyos supuestos fundamentales conviene explicitar: 1) la Iglesia se concibe "en" y "para" el mundo y no fuera, al centro o en contra de él; 2) la historia concreta es un lugar teológico donde Dios se revela, por lo que hay que escrutar a fondo los *signos de los tiempos*; 3) el proyecto de salvación es correlativo a la salvación en la historia, sin por ello perder de vista su dimensión trascendente; 4) la determinación de cómo la Iglesia es sacramento de salvación no está dado *a priori*, sino por el contexto (signos de los tiempos) en el cual la Iglesia lleva a cabo su misión; 5) como la realidad es variable y cambiante, la manera como la Iglesia debe servir al hombre debe ser cambiante, en constante conversión y reforma.

En suma, al asumir los obispos latinoamericanos la eclesiología conciliar desde la perspectiva de la *Gaudium et spes*, el método teológico pastoral de esta última, se tornó un elemento emblemático que fungirá como referente para deslindar una eclesiología esencialista, ahistórica y desarraigada del acontecer histórico, de un modelo de Iglesia que en virtud de su misión, toma la historia como un lugar teológico a fin de discernir cómo ser signo e instrumento de salvación. Las disputas sobre el método en las asambleas generales del episcopado latinoamericano posteriores a Medellín enriquecieron la fundamentación e importancia del método inductivo frente a las observaciones críticas y recelos de algunos sectores eclesiales opuestos a este enfoque teológico.

Ahora bien, no obstante la diversidad de temas, enfoques y otras discontinuidades entre conferencias, de Medellín (1968) a Aparecida (2007) se pueden identificar una serie de características que conforman un rostro más o menos definido de una Iglesia y una eclesiología encarnada en la realidad latinoamericana. Cabe hacer mención que en este itinerario, la asamblea de Medellín fue la que trazó los ejes principales de ese modelo de Iglesia, a saber: una Iglesia evangelizadora de los pobres y solidaria con ellos, testigo del valor de los bienes del Reino y humilde servidora de todos los hombres de nuestros pueblos" (MEDELLÍN-POBREZA,

8); vocación que a su vez exige una profunda conversión de la Iglesia, la cual ha de concretarse en la búsqueda de la justicia (MEDELLÍN-JUSTICIA, 5), que es un imperativo ético y evangélico. Desde esta perspectiva, Medellín asumió una visión integral entre salvación y liberación, de modo que no hay contradicción entre el proyecto salvífico de Dios y las aspiraciones del hombre, entre la historia de la salvación y la historia humana (MEDELLÍN-CATEQUESIS, 4). Va a ser en este marco que las entonces incipientes Comunidades Eclesiales de Base (CEB's) serán vistas como primicia de una prometedora eclesiogénesis.

Los elementos que integran esta apretada síntesis de la propuesta eclesiológica de Medellín, fue ampliada y completada en las miles de CEB's extendidas a lo largo y ancho del continente, en la teología de la liberación y en las subsiguientes conferencias generales del episcopado latinoamericano (PUEBLA 4, 11-12, 85, 96, 96-105, 619-643, 1134, 1147, 1157-1158; SANTO DOMINGO 157-227, 597; APARECIDA 33, 53, 62,65,72, 97, 176, 178-179, 366-367, 391. 393, 398, 402, 454).

1.3 La eclesiología latinoamericana en la encrucijada de la crisis eclesial

Es importante subrayar que el cambio en la reflexión eclesiológica y sus experiencias pastorales afines, no trajeron en automático un cambio de las mentalidades, prácticas y estructuras eclesiales heredadas del preconcilio. Por el contrario, lo que dominó, por lo menos desde Medellín hasta finales del siglo XX fue un escenario marcado por tensiones y disputas entre el modelo de Iglesia esbozado en Medellín y las inercias y resistencias provenientes del modelo de cristiandad heredado del pasado. Pese a ello, el modelo eclesial antes descrito – al que también se conocerá como modelo profético-liberador o iglesia de los pobres –, logró posicionar una amplia gama de temas y opciones en la tradición teológica de la Iglesia. Tal ha sido el caso del método inductivo "ver-juzgar-actuar"; la concepción de Iglesia como sacramento de salvación/liberación; la opción por los pobres y su liberación integral; el reconocimiento de las CEB's como signo y vitalidad de la Iglesia, como instrumento de formación y evangelización y como punto de partida para la misión permanente; y finalmente, la permanente necesidad de la Iglesia de revisar y actualizar su ser y misión para ser verdaderamente signo e instrumento de la acción salvífica de Dios.

Ahora bien, un elemento que no se puede soslayar a la hora de ponderar la eclesiología latinoamericana es el contexto eclesial-teológico preponderante en la Iglesia universal, el cual ha estado marcado por los pontificados en turno.[2] Si bien la gestación del modelo de Iglesia de los pobres tuvo lugar durante el pontificado de Pablo VI, la etapa más álgida de tensiones, descalificaciones y condenas ocurrió durante el largo pontificado de Juan Pablo II (1978 a 2005). Este Papa se distinguió por un reconocido carisma personal y su prodigalidad de exhortaciones, encíclicas, mediante las cuales logró posicionar a la Iglesia en la esfera pública, al tiempo que suscitó un renovado fervor evangelizador. Sin embargo,

---

[2] La expresión "eclesiología latinoamericana" así como la de "modelo de Iglesia latinoamericana" o "Iglesia de los pobres" se ha posicionado a lo largo de las décadas de manera específica, tanto en el plano pastoral, como fue reconocido en diversas ocasiones por los obispos latinoamericanos, como por la teología de la liberación y otras teologías (QUIROZ, 1983; CODINA 2008).

también durante su pontificado se asistió a una mengua en el impulso renovador del Vaticano II: se reafirmó la marginación de la mujer en la Iglesia, la colegialidad se enfrió, la dinámica pastoral y magisterial de las iglesias locales se eclipsó en beneficio del centralismo vaticano; situación que abonó a calificar su pontificado de restauracionista (GIRARDI, 1991, p. 69-107; ZIZOLA 1985).

El clima eclesial-teológico latinoamericano quedó marcado de manera inevitable por la ambivalencia referida, sobre todo de manera negativa para la emergente eclesiología latinoamericana. Fue en ese contexto que se emprendieron una serie de medidas disciplinares y doctrinales conducentes a controlar, desactivar y descalificar la eclesiología latinoamericana y sus experiencias pastorales afines (cierre de casas de formación, silenciamiento a teólogos y la intervención de la Conferencia Latinoamericana de Religiosos, por mencionar solo algunas). Entre esta serie de medidas hostiles, las dos instrucciones emanadas de la Congregación para la Doctrina de la Fe, aparecidas en 1984 y 1986 respectivamente, tuvieron un lugar destacado, sobre todo, porque la primera exponía a la teología de la liberación como una cuasi-herejía (CONGREGACIÓN PARA DOCTRINA DE LA FE, 1984, p. 876-909; IDEM, 1987, p. 554-599).

Durante el periodo descrito hubo una estrategia proveniente del Vaticano encaminada a uniformar el pluralismo teológico, doctrinal, litúrgico y disciplinar en torno a la visión de la Iglesia de Roma, a la que narrativamente se identificó como Iglesia universal. Es así como frente a la preeminencia ontológica y cronológicamente de la Iglesia universal sobre las particulares – según afirmó el entonces cardenal Ratzinger (CONGREGACIÓN PARA LA

DOCTRINA DE LA FE, 1993, p. 838-850) –, la dinámica pastoral y teológica de las iglesias latinoamericanas representaba un desafío inadmisible.

En resumen, a partir de Medellín emergió en América Latina un modelo de Iglesia y una eclesiología enraizada en el Vaticano II, acorde con las condiciones sociopolíticas, económicas y culturas del continente. El itinerario de esta eclesiología y sus experiencias pastorales han pasado por suspicacias, tensiones, descalificaciones, al mismo tiempo que logros importantes en la vida de las iglesias del continente. Esta rica experiencia eclesial hoy es parte importante del patrimonio de la Iglesia en su conjunto.

2. La eclesiología del Papa Francisco en la Exhortación *Evangelii gaudium*

A casi ocho meses de haber sido electo como Papa, el argentino Jorge Mario Bergoglio publicó la exhortación apostólica *Evangelii gaudium* (24 de noviembre de 2013), inspirada en las conclusiones del Sínodo de Obispos sobre la "Nueva evangelización para la transmisión de la fe cristiana". La Exhortación se caracteriza, no solo por un lenguaje pastoral cercano e informal, sino también por ser un texto teológico y pastoral que, por decirlo con una imagen, abrió las ventanas y las puertas del 'palacio de invierno' al viento cálido y pluriforme del *aggiornamento* del Vaticano II, recibido y hecho vida desde el Sur. Lo cual suscitó desde un inicio una grata sorpresa en muchos fieles, pues se retomaron líneas de renovación conciliar y de la recepción que de ella se había hecho en la Iglesia latinoamericana, las cuales habían sido olvidadas, silenciadas y hasta miradas con recelo durante los dos pontificados que precedieron a Francisco.

A continuación, vamos a explicitar esos dos movimientos de recuperación eclesiológica-pastoral que hace el Papa en la *Evangelii gaudium*.

2.1 Recuperación del método teológico-pastoral "ver-juzgar-actuar"

Un tema que llama la atención desde una primera lectura de la Exhortación es la preocupación de Francisco por trazar las líneas eclesiológicas de su reflexión a partir de los imperativos que derivan de contextualizar la misión de la Iglesia. Es decir, no parte de una eclesiología autorreferencial desde la cual se deduce en automático cómo debe ser la Iglesia, qué debe decir o hacer en el mundo; sino a la inversa, intenta desde una postura creyente, ver la realidad, identificar en ella los aspectos más desafiantes para su misión.

Francisco expresa esta orientación con un cálido estilo pastoral, sin menoscabo del método inductivo con el que arma su reflexión. Es así como las grandes temáticas de la Exhortación parten de un diagnóstico, de un 'ver' la realidad desde la fe. Enfatiza y desarrolla la "Alegría del Evangelio" (EG especialmente 9-18) porque identifica en el mundo actual y en la Iglesia una tristeza individualista (EG 2 y 6); llama a una renovación y reforma de la Iglesia, porque mira estructuras eclesiales, lenguajes, costumbres y estilos de vida que impiden a la Iglesia ser fiel a su vocación (EG 25-33); aborda la evangelización (EG cap. III), después de haber expuesto en capítulo previo los principales desafíos del mundo actual (EG 52-109). En este orden de ideas resulta elocuente el siguiente párrafo de la Exhortación:

> [...] La reforma de estructuras que exige la conversión pastoral sólo puede entenderse en este sentido: procurar que todas ellas

se vuelvan más misioneras, que la pastoral ordinaria en todas sus instancias sea más expansiva y abierta, que coloque a los agentes pastorales en constante actitud de salida y favorezca así la respuesta positiva de todos aquellos a quienes Jesús convoca a su amistad [...] (EG 27).

Con esta metodología teológico-pastoral, Francisco recupera el método inductivo de la *Gaudium et spes* (GS 4). Sin embargo, los acentos e intereses pastorales que imprime el Papa al análisis de la realidad dejan entrever con facilidad, la influencia de la tradición teológica y pastoral latinoamericana. Sin ánimo de ser exhaustivos, consideremos, a manera de ejemplo, algunos temas eclesiológicos de la Exhortación.

2.2 Recuperación de la eclesiología de Pueblo de Dios en perspectiva latinoamericana

Desde sus primeras páginas, *Evangelii gaudium* muestra una ruptura que suele pasar desapercibida, pero que ilustra con claridad el contraste entre un modelo de Iglesia jurídico-jerárquico y uno de Pueblo de Dios. La carátula formal de la Exhortación inicia con una fórmula protocolaria típica de este tipo de documentos pontificios: "Exhortación Apostólica *Evangelii Gaudium* del Santo Padre Francisco a los obispos, a los presbíteros y diáconos. A las personas consagradas y a los fieles laicos [...]". Esta manera de priorizar a los destinatarios refleja la imagen eclesial de aquella eclesiología jurídico-societaria preconciliar a la que Yves Congar llamó jerarcológica y a la que también criticaría la teología de la liberación.[3] En contraste con esta fórmula, el

---

[3] Para una visión esquemática de esta eclesiología, así como su recepción y crítica en el magisterio latinoamericano, véase LEGORRETA 2014; BOFF, 1986.

Papa Francisco señala "a los fieles cristianos" sin más, como los destinatarios de su Exhortación. Es así como desde el inicio de la Exhortación, Francisco expresa una concepción o modelo de Iglesia en la que prima la común igualdad entre todos los miembros previa a cualquier distinción de carismas y ministerios. Lo cual reposiciona la eclesiología de Pueblo de Dios que articuló la eclesiología preponderante en *Lumen gentium*.

En este orden de ideas, cuando Francisco habla de Pueblo de Dios o Iglesia introduce acentos que llevan a dislocar, descentrar y movilizar la realidad a la que hacen referencia estas expresiones. Para tal efecto, el Papa juega con binomios contrastantes para subrayar el carácter dinámico y de acontecimiento del ser eclesial: "fieles tristes y pesimistas/ alegría del discípulo misionero" (EG 21, 83-85); "temor y desconfianza / correr el riesgo" (EG 88); "lo ya probado / creatividad y audacia" (EG 33); "anuncio centrado en la ley, la Iglesia y el Papa / anuncio de la gracia, de Jesucristo y de la Palabra de Dios" (EG 38); "pastoral centralizada y cerrada / pastoral expansiva y abierta" (EG 27); "Iglesia / discípulos misioneros"; "evangelizar con fórmulas doctrinales fijas / evangelizar mediante diversos lenguajes culturales" (EG 129); "Iglesia triunfalista / Iglesia necesitada de conversión y reforma" (EG 26-28; 32, 43, 63, 83, 95), "iglesia que sabe todo / Iglesia que aprende, especialmente de los pobres" (EG 154-155 y 198). Mediante el segundo elemento del binomio, el Papa quiere subrayar el carácter escatológico del Pueblo de Dios, de una Iglesia en salida, peregrina, necesitada permanentemente de conversión y de reforma, de puertas abiertas, con una opción preferencial por los pobres y su liberación, que corre el riesgo de mancharse en el camino.

Esta concepción dinámica y misionera de la Iglesia como Pueblo de Dios, no está planteada en sentido general y abstracto. El Papa, por el contrario, la concretiza continuamente en la pluralidad de culturas, de conocimientos, de modos de vida, de sensibilidades y, sobre todo, en una enfática opción por los pobres, para quienes la Iglesia debe ser un instrumento para su liberación y promoción (EG 187). Por ello afirma la necesidad de toda la Iglesia de escuchar el clamor por la justicia y el clamor del pobre (EG 187-188); exigencia que brota del mismo Evangelio, del anuncio de Reino y no de una ideología, opción política o filosófica (EG 188, 193, 195, 197, 198 *et passim*). Para Francisco esta opción evangélica por los pobres, implica la necesidad de una "Iglesia pobre para los pobres" (EG 199). Es por ello que Francisco especifica que "cada cristiano y cada comunidad están llamados a ser instrumentos de Dios para la liberación y promoción de los pobres, de manera que puedan integrarse plenamente en la sociedad; esto supone que seamos dóciles y atentos para escuchar el clamor del pobre y socorrerlo" (EG 187).

Cabe hacer mención que la opción por los pobres que el documento sustenta bíblica, teológica y éticamente, aparece estrechamente vinculada con un análisis estructural de las causas de la marginación y la pobreza, muy en la línea de la teología de la liberación. El análisis señala como causa principal de esa deshumanización, a una economía que mata, que relega como sobrantes y desechos a los que excluye, que niega al ser humano y solo afirma el dinero (EG 51-56).

Lo económico no es tratado en la Exhortación como un factor aislado o eventual, sino lo identifica como una política económica estructural, cuya lógica centrada unilateralmente en la autonomía de los mercados, la idolatría del dinero y la especulación financiera es causa estructural de la pobreza (EG 55-60, 202, 204). Estas estructuras económicas aunadas a inequitativas estructuras políticas que de diversas maneras olvidan o hasta consienten la exclusión y la injusticia, son calificadas de "estructuras sociales injustas" (EG 59), las cuales al obstaculizar u oponerse al Reino de Dios pueden incluirse en lo que la Exhortación llama "pecado social" (EG 64), categoría de profundo raigambre en la teología latinoamericana de la liberación.

De acuerdo a lo anterior, Francisco afirma que el compromiso de los discípulos misioneros no puede limitarse de manera ingenua a acciones o programas de promoción y asistencia (EG 199). La situación debe atenderse de manera integral: hay que amar y atender espiritualmente a los pobres (EG 199-200), pero también existe la necesidad de resolver las causas estructurales de la pobreza (EG 202); imperativo que el Papa presenta acompañado de una advertencia para la Iglesia:

> Cualquier comunidad de la Iglesia, en la medida en que pretenda subsistir tranquila sin ocuparse creativamente y cooperar con eficiencia para que los pobres vivan con dignidad y para incluir a todos, también correrá el riesgo de la disolución, aunque hable de temas sociales o critique a los gobiernos. Fácilmente terminará sumida en la mundanidad espiritual, disimulada con prácticas religiosas, con reuniones infecundas o con discursos vacíos (EG 207).

Por lo tanto, la vida de la Iglesia, la identidad de los discípulos misioneros se juega en el compromiso eclesial por contribuir a la superación de las causas estructurales de la marginación y la injusticia.

2.3 Reforma de la Iglesia

La reforma de la Iglesia es uno de los temas centrales más novedosos del mensaje papal. La magnitud de tal hecho adquiere su verdadera dimensión si se toma en cuenta que, ni siquiera el mismo Concilio Vaticano II se atrevió a afirmar de manera contundente la necesidad de reforma. Karl Rahner exponía en un texto publicado a pocos años de terminado el concilio, cómo la *Constitución Dogmática sobre la Iglesia* no se atrevió a afirmar en directo el pecado de la Iglesia con la misma vehemencia que sí lo haría para referirse a la santidad (RAHNER, 1966, p. 433-448);[4] El docetismo eclesiológico latente en este tipo de circunloquios quizá sea uno de los motivos por los cuales la postura oficial de la Iglesia en el periodo posconciliar ha visto con recelo y hasta como una herejía hablar de reforma de la Iglesia.[5] Cabe hacer mención que el magisterio latinoamericano, por lo menos en los documentos emanados de las asambleas generales del episcopado latinoamericano – de Medellín a Aparecida –, se ha revelado un poco más audaz para referirse a la reforma de la Iglesia, sobre todo en los documentos y discusiones preparatorias. Sin embargo, en los documentos aprobados y publicados, el tema ha quedado muy disminuido cuando no silenciado (LEGORRETA, 2014b, p. 653-666). De ahí que el vigor y apertura con el que Francisco plantea la necesidad

---

[4] Previo al Concilio el tema ya había sido planteado (CONGAR, 1968). Una síntesis de las posturas clásicas sobre este tema puede verse ESTRADA 1986, esp. capítulo I.

[5] Todavía en años recientes (2008), el teólogo argentino-chileno Carlos Schickendantz fue sujeto de un procedimiento de examen por parte de la Sagrada Congregación para la Doctrina de la Fe por su libro sobre la reforma de la Iglesia (SCHICKENDANTZ, 2005).

de reformar la Iglesia resulte inédito en declaraciones del magisterio durante en el periodo postconciliar.

Como ya hemos mencionado, los grandes temas de la Exhortación están precedidos de algún tipo de diagnóstico. El de la reforma de la Iglesia no es excepción. Frente al objetivo papal de hacer de la Iglesia una "Iglesia misionera", Francisco detecta una serie de elementos que debilitan o incluso obstaculizan dicho propósito; por ejemplo, el desánimo, la apatía, el centralismo e inmovilidad de ciertas estructurales eclesiales, etc. Por eso se pronuncia sin ambages por un proceso de conversión pastoral y misionera que "no deje las cosas como están" (EG 25). En este sentido, el Papa habla de manera insistente de la necesidad impostergable de una renovación eclesial con el fin de que la Iglesia sea más fiel a su vocación. Pero a diferencia de lo que solía hacerse en el pasado, Francisco no elude hablar directamente de "reforma" para referirse al tipo de cambio que necesita la Iglesia (EG 17, 26-28, 30, 43). Aún más, destaca el hecho que casi no hay nada en la vida de la Iglesia que pueda quedar eximido de reformarse estructuras, costumbres, estilos, horarios, lenguaje, liturgia, normas, incluso el mismo papado (EG 26-27, 32, 43, 95 *et passim*).[6] Con relación a esto último, Francisco se muestra preocupado por una colegialidad sofocada por el centralismo papal, por un ejercicio del primado no acorde con su auténtica misión y por el perjuicio que conlleva a la vida de la Iglesia la indefinición del estatuto teológico de las conferencias episcopales (n. 32).

---

[6] Para un análisis crítico de la crisis del lenguaje teológico en *Evangelii gaudium* a la luz de la teología contemporánea, véase PADILLA, 2015.

En este orden de ideas, el Papa recupera intuiciones y propuestas del Concilio Vaticano II prácticamente relegadas en las últimas décadas. Inspirado en las constituciones *Dei Verbum* y *Unitatis redintegratio*, Francisco reafirma que "todas las verdades reveladas proceden de la misma fuente divina y son creídas con la misma fe" (EG 36), pero algunas son más importantes que otras, por lo que se hace necesario una "jerarquía de verdades", lo que aplica para dogmas de fe, la enseñanza moral y el conjunto de enseñanzas de la Iglesia (idem). El monismo doctrinal es igualmente descalificado (EG 40), lo mismo que el clericalismo que debilita el papel del laicado en la Iglesia (EG 102). Por otra parte, recupera aquella afirmación del segundo capítulo de *Lumen gentium* que reconoce la inefabilidad de todos los fieles *in credendo* (LG 12), en virtud del *sensus fidei* (EG 119).

Finalmente, en lo que respecta al ministerio presbiteral, Francisco hace una distinción que no tiene desperdicio a propósito de la participación de la mujer en la Iglesia. No pone en cuestión el sacerdocio reservado a los varones, asunto que resulta cuestionable, sin embargo, ataja cualquier interpretación del ministerio como superioridad al afirmar que el sacerdocio ministerial es "uno de los medios que Jesús utiliza al servicio de su pueblo, pero la gran dignidad viene del bautismo que es accesible a todos" (EG 104); en este mismo número afirma que "en la Iglesia las funciones no dan lugar a la superioridad de unos sobre los otros".

En suma, para el Papa Francisco, la reforma de la Iglesia es una condición indispensable y urgente para la transformación misionera de la Iglesia que exige el anuncio del evangelio en el mundo actual.

Conclusión

La eclesiología del Papa Francisco presente en la Exhortación apostólica *Evangelii gaudium* se inserta en el *aggiornamento* conciliar y la recepción de éste en las iglesias del Sur. Lo cual se muestra en la adopción y lugar privilegiado que le da a método 'ver-juzgar-actuar", en la opción por los pobres y en la necesidad de reformar a la Iglesia a partir de las exigencias que presenta el contexto actual, especialmente el del mundo de los pobres.

En un contexto de crisis eclesial donde coexisten de manera problemática un discurso eclesiológico y pastoral renovado con las viejas estructuras eclesiales del pasado remoto, la postura del Papa cobra una relevancia especial, pues lejos de confirmar el estatus quo eclesial que hereda, opta por reformar todo lo que sea necesario para que la Iglesia responda de la mejor manera a su vocación de ser "signo e instrumento de salvación/liberación, en un mundo signado por la inseguridad y la pobreza".

Desde otro punto de vista, se puede afirmar que casi todos los contenidos teológicos y pastorales expuestos por Francisco en su Exhortación, ya habían sido planteados en los documentos del Concilio Vaticano II y en la teología latinoamericana de la liberación. En todo caso, la novedad radica en que haya sido precisamente el Papa quien retome y proclame esos elementos, cuando justamente los dos pontífices que le precedieron ignoraron o silenciaron esos temas.

En este marco, un aporte indiscutible de Francisco ha sido el su énfasis y claridad en señalar la necesidad de una reforma de la Iglesia, que la saque de una situación estática o a problemática de confort y, más bien, la ponga en marcha, en misión como Iglesia peregrina, pero muy al estilo de la teología latinoamericana: desde el lugar del pobre y en favor de su liberación integral. Llegados a este punto la duda que aún persiste de la eclesiología de Francisco expuesta en *Evangelii gaudium*, es si el Papa estará dispuesto a usar su lugar privilegiado en la estructura de la Iglesia para emprender la reforma integral que ha anunciado, o todo quedará en discursos frescos y esperanzadores.

Referencias bibliográficas

ACERBI, A. *Due Ecclesiologie*. Ecclesiologia giuridica ed ecclesiologia di comunión en ella "Lumen gentium". Bolonia: EDB, 1975.

ALBERIGO, G. *Historia del Concilio Vaticano II*. vol. IV, Salamanca: Leuven: Sígueme/Peeters, 2007.

BOFF, L. *... Y la Iglesia se hizo pueblo*. Santander: Sal Terrae, 1986.

CELAM. *Documento de Aparecida*. Aparecida. Documento conclusivo. V Conferencia General del Episcopado Latinoamericano y del Caribe. Bogotá: Centro de Publicaciones del Celam, 2007.

CELAM. *Documento de Medellín*. La Iglesia en la actual transformación de América Latina a luz del concilio, II. Conclusiones. México: Librería Parroquial, 1976.

CELAM. *Documento de Puebla*. La Evangelización en el presente y el futuro de América Latina. México: Librería Parroquial, 1979.

CELAM. *Documento de Santo Domingo*. Nueva Evangelización, promoción humana, cultura cristiana. México: Dabar, México 1992.

CODINA, V. *Para comprender la eclesiología desde América Latina*. Estella: Verbo Divino, 2008.

CONGAR, Y. *Santa Iglesia*. Barcelona: Estela, 1968.

CONGREGACIÓN PARA LA DOCTRINA DE LA FE. Carta a los obispos de la Iglesia católica sobre algunos aspectos de la Iglesia considerada como comunión. *AAS* 85, p. 838-850, 1993.

CONGREGACIÓN PARA LA DOCTRINA DE LA FE. Instrucción sobre algunos aspectos de la Teología de la Liberación. *AAS* 76, p. 876-909, 1984.

CONGREGACIÓN PARA LA DOCTRINA DE LA FE. Instrucción sobre la libertad cristiana y la liberación. *AAS* 79, p. 554-599, 1987.

ESTRADA, J. A. *Del misterio de la Iglesia al pueblo de Dios.* Salamanca: Sígueme, 1988.

ESTRADA, J. A. *El cristianismo en una sociedad laica.* Cuarenta años después del Vaticano II. Bilbao: Desclée De Brower, 2006.

FRANCISCO. Exhortación apostólica *Evangelii gaudium*.

GALLO, L. A. *La Iglesia de Jesús.* Mujeres y hombres para la vida abundante de todos. Quito: Abyayala/Universidad Politécnica Salesiana, 2004.

GIRARDI, G. *La túnica rasgada.* La identidad cristiana, hoy, entre liberación restauración. Santander: Sal Terrae, 1991.

LEGORRETA, J. J. A reforma da Igreja nos documentos das assembleias gerais do Episcopado Latino-americano. *REB*, n. 295, p 653-666, 2014b.

LEGORRETA, J. J. *Cambio e Identidad de la Iglesia en América Latina.* Itinerario de la eclesiología de comunión de Medellín a Aparecida. México: UIA, 2014.

PADILLA, S. Crisis del lenguaje teológico e las exhortaciones pontificias: *Verbum Domini* y *Evangelii gaudium*. Artículo publicable para optar por el grado de Maestra en Teología y Mundo Contemporáneo. México: Universidad Iberoamericana, 2015.

QUIROZ, A. *Eclesiología en la teología latinoamericana de la liberación*. Salamanca: Sígueme, 1983.

RAHNER, K. El pecado en la Iglesia. En BARAUNA, G. *La Iglesia del Vaticano II*. Barcelona: Juan Flors, 1966, p. 433-448.

SCHICKENDANTZ, C. *Cambio estructural en la Iglesia como tarea y oportunidad*. Córdoba: Universidad Católica de Córdoba, 2005.

ZIZOLA, G. *La Restauración del Papa Wojtyla*. Madrid: Cristiandad, 1985.

"Uma Igreja pobre e para os pobres": abordagem teológico-pastoral do Vaticano II a Francisco

FRANCISCO DE AQUINO JÚNIOR[*]

Ao expressar o seu profundo desejo de "uma Igreja pobre e para os pobres" e ao colocar os pobres no centro de suas preocupações e orientações pastorais, o novo bispo de Roma se situa na mais genuína Tradição cristã: a Boa Notícia do reinado de Deus, cuja característica mais importante é a justiça aos pobres e oprimidos deste mundo.

Esta Tradição, que nunca se perdeu completamente na história da Igreja, foi retomada de modo muito fecundo e criativo pelo Concílio Vaticano II, com João XXIII e com um grupo de padres conciliares, e, particularmente, pela Igreja latino-americana e caribenha, com as conferências episcopais de Medellín e Puebla e com a teologia da libertação, nos termos de "Igreja dos pobres" e/ou "opção preferencial pelos pobres".

---

[*] Doutor em Teologia pela Westfälische Wilhelms-Universität de Münster – Alemanha, professor de Teologia da Faculdade Católica de Fortaleza (FCF) e da Universidade Católica de Pernambuco (UNICAP) e presbítero da diocese de Limoeiro do Norte, CE.

Não obstante as reservas, ponderações, restrições e até perseguições que se deram nas últimas décadas aos setores eclesiais mais comprometidos com os pobres e vinculados à teologia da libertação na América Latina, o ser "dos pobres" ou a "opção pelos pobres" foi se afirmando e se consolidando como uma característica ou uma nota fundamental e constitutiva da Igreja de Jesus Cristo. E tudo isso ganha nova atualidade e adquire novas dimensões e proporções com o novo bispo de Roma, na medida em que põe no centro do seu ministério pastoral o desafio de uma "Igreja pobre e para os pobres".

O tema é amplo e complexo. Ele pode ser abordado do ponto de vista bíblico, histórico, dogmático, litúrgico, moral, pastoral etc. E pode ser abordado em perspectiva econômica, social, política, religiosa, cultural, ambiental, de gênero, de etnia etc. Nesse texto, queremos, em primeiro lugar, retomar em linhas gerais a problemática da "Igreja dos pobres" no Concílio Vaticano II e na Igreja latino-americana e caribenha, e, em segundo lugar, apresentar o modo como Francisco retoma e repropõe a problemática para toda a Igreja. Por fim, a modo de conclusão, procuraremos identificar as convergências e diferenças entre Francisco e os teólogos da libertação acerca da Igreja dos pobres.

1. A "Igreja dos pobres" no Concílio Vaticano II e na Igreja latino-americana e caribenha

Certamente, a preocupação com os pobres não é algo novo na vida da Igreja. Não surgiu com o Concílio nem com a teologia da libertação. Mesmo que não tenha sido sempre e em toda parte a preocupação central da Igreja, mesmo que tenha se dado muitas vezes de maneira ambígua e até contraditória e mesmo que tenha desempenhado um papel secundário ou irrelevante na reflexão teológico-dogmática, a preocupação com os pobres sempre foi um aspecto importante da vida da Igreja. Pelo menos, nunca desapareceu completamente nem foi negada de modo explícito e radical.

Mas ela adquiriu, com o Concílio Vaticano II e, sobretudo, com as conferências episcopais latino-americanas e com a teologia da libertação, nova atualidade, novas dimensões e novas configurações, formuladas nos termos de "Igreja dos pobres" e/ou "opção pelos pobres", que convém retomar e explicitar, inclusive, para compreender a proposta do Papa Francisco. Vejamos.

1.1 Concílio Vaticano II

Foi o Papa João XXIII que, às vésperas do Concílio, usou pela primeira vez a expressão "Igreja dos pobres". Em sua mensagem ao mundo no dia 11 de setembro de 1962, falando de Cristo como luz do mundo e da missão da Igreja de irradiar essa luz, apresenta, de forma surpreendente e inesperada, o que qualifica como um ponto luminoso: "Pensando nos países subdesenvolvidos, a Igreja se apresenta e quer realmente ser a Igreja de todos, em particular, a Igreja dos pobres" (JOÃO XXIII, 2007, p. 20-26, letra L). "Trata-se de um texto breve, mas no qual cada palavra é importante. Sua sobriedade e modéstia não devem fazer-nos esquecer seu caráter de fonte" (GUTIÉRREZ, 1985, p. 30). E, de fato, ele se tornou uma das "fontes" de um movimento de extrema importância no processo de renovação conciliar da Igreja: sua relação essencial com os pobres deste mundo. Movimento dinamizado e articulado por um grupo de padres conciliares que ficou conhecido com o nome de "Igreja dos pobres" (cf.

PELLETIER, 1996, p. 63-69; ALBERIGO, 2006, p. 39s, 56s, 62, 132s, 191s; BEOZZO, 2004, p. 147-150; CHENU, 1977, p. 61-66; GUTIÉRREZ, 1985, p. 31-33; BARREIRO, 1983, p. 135-138; VIGIL, 1987, p. 164-170). Provocados e inspirados pela experiência do padre Paul Gauthier e da religiosa carmelita Marie-Thérèse Lescase junto aos operários de Nazaré, bem como pelo livro *Os pobres, Jesus e a Igreja* de Paul Gauthier (cf. GAUTHIER, 1962),[2] vários bispos e teólogos passaram a se reunir regularmente no Colégio Belga de Roma sob a presidência do cardeal francês Gerlier, em torno do projeto da "Igreja dos pobres". Esse grupo se tornou um lugar privilegiado de sensibilização e reflexão teológica sobre a relação entre Jesus, a Igreja e os pobres e fonte de inspiração de muitas intervenções nas aulas conciliares (cf. GAUTHIER, 1967; 1969), dentre as quais merece destaque a famosa intervenção do cardeal Lercaro de Bolonha no final da primeira sessão do Concílio, no contexto da discussão do projeto sobre a Igreja.

Ele começa reforçando a tese de Suenens e de Montini de que a "finalidade deste Concílio" deve ser uma "doutrina sobre a Igreja capaz de ir até aos fundamentos, além dos traços de ordem jurídica". Constata uma "lacuna" nos esquemas apresentados para a apreciação dos padres. Eles não levam em conta "o Mistério de Cristo nos pobres" e esta é uma verdade "essencial e primordial" na Revelação. Por isso, afirma, "concluindo esta primeira sessão de nosso Concílio, im-

---

[2] O padre Paul Gauthier foi professor de Teologia dogmática no Seminário Maior de Dijon, na França. Em 1955, deixou a cátedra e foi viver e trabalhar com e como operário em Nazaré. Durante o Concílio, foi para Roma e desempenhou um papel fundamental de reflexão e articulação junto a um grupo de bispos e teólogos sobre a relação entre Jesus, a Igreja e os pobres.

porta-nos reconhecer e proclamar solenemente: não realizaremos de maneira suficiente nossa tarefa, não receberemos com um espírito aberto o plano de Deus e a expectativa dos homens, se não colocarmos, como centro e alma do trabalho doutrinal e legislativo deste Concílio, o mistério de Cristo nos pobres e a evangelização dos pobres". E continua, mais adiante: "Não satisfaremos às mais verdadeiras e profundas exigências de nosso tempo [...], mas nos furtaremos a elas, se tratarmos o tema da evangelização dos pobres como um dos numerosos temas do Concílio. Se, na verdade, a Igreja, como já se disse muitas vezes, é o tema deste Concílio, pode-se afirmar, em plena conformidade com a eterna verdade do Evangelho, e ao mesmo tempo em perfeito acordo com a conjuntura presente, que: o tema deste Concílio é bem a Igreja enquanto ela é sobretudo 'a Igreja dos pobres'". Em vista disso, propõe alguns assuntos doutrinais a serem abordados e desenvolvidos e algumas reformas pastorais e institucionais. E conclui falando do "primado da evangelização dos pobres" como "método autêntico" de anúncio do Evangelho, de restauração da unidade dos cristãos e de resposta aos homens do nosso tempo (cf. GAUTHIER, 1967, p. 178-182).

Embora exercesse uma pressão espiritual e profética significativa sobre muitos padres conciliares, o grupo "Igreja dos pobres" permaneceu sempre à margem do Concílio e sua repercussão nos documentos aprovados foi muito tímida (cf. VIGIL, 1987, p. 164-170; GUTIÉRREZ, 1985, p. 32s). Deve-se reconhecer, portanto, que "o grupo não alcançou o que esperava institucionalmente do Concílio" (BEOZZO, 1985, p. 150) e que "estamos longe da proposta do cardeal Lercaro de fazer da questão da 'Igreja dos pobres' (expressão que não aparece em nenhum documento conciliar) o tema do Concílio" (GUTIÉRREZ, 1985, p. 33). Em todo caso, recuperou e deu visibilidade a um aspecto "essencial e primordial" da revelação e pôs em marcha um processo de renovação eclesial a partir e em vista de sua relação "essencial e primordial" com os pobres deste mundo, começando pelo compromisso assumido pelos próprios membros do grupo, em sua vida e ação pastoral, no *Pacto das Catacumbas*, celebrado na Catacumba de Santa Domitila, fora de Roma, no dia 16 de novembro de 1965 (cf. KLOPPENBURG, 1966, p. 526-528).

1.2 Igreja latino-americana e caribenha

Um passo importante e decisivo no projeto de uma "Igreja dos pobres" se deu na II Conferência do Episcopado latino-americano e caribenho em Medellín (24/08-06/09/1968). Ela foi pensada e articulada em vista de uma recepção e atualização do Concílio na América Latina. E, de fato, a Conferência de Medellín (cf. BEOZZO, 1994; CALIMAN, 1999, p. 163-180; SOUSA, 1999, p. 223-234; TEPEDINO, 2010, p. 376-394) significou "a transposição da perspectiva do Concílio e de suas intuições ao contexto específico do continente latino-americano. Sem o Concílio, não teria existido Medellín, mas Medellín não teria sido Medellín sem o esforço corajoso de repensar o acontecimento conciliar a partir da realidade de pobreza e de injustiça que caracterizava a América Latina" (PALACIO, 2000, p. 53).

E esta é uma marca fundamental e decisiva de Medellín: pensar a identidade e a missão da Igreja em sua referência "essencial e primordial" aos pobres, que constituem a grande maioria dos povos latino-americanos e caribenhos, o que significou, em última instância, pensá-la como "Igreja dos pobres".

Convém, aqui, retomar e examinar com atenção o documento 14, que tem como tema precisamente a "pobreza da Igreja" (CELAM, 1987, p. 143-150). Como os demais documentos, ele foi desenvolvido segundo o conhecido método ver-julgar-agir. Começa tratando da "realidade latino-americana". Prossegue explicitando a "motivação doutrinária". E conclui com algumas "orientações pastorais".

No que diz respeito à "realidade latino-americana", o texto começa afirmando que o Episcopado "não pode ficar indiferente ante as tremendas injustiças sociais existentes na América Latina, que mantêm a maioria de nossos povos numa dolorosa pobreza que em muitos casos chega a ser miséria desumana". Fala do "surdo clamor" que "nasce de milhões de homens pedindo a seus pastores uma libertação que não lhes chega de nenhuma parte", bem como das "queixas de que a hierarquia, o clero e os religiosos são ricos e aliados dos ricos". Faz algumas ponderações com relação à imagem que se tem da Igreja. Chama atenção para a situação de pobreza de muitas paróquias, dioceses, bispos, sacerdotes e religiosos. Distingue entre o "necessário para a vida e certa segurança" e o carecer do "indispensável" para viver. E conclui reconhecendo que "não faltam casos em que os pobres sentem que seus bispos, párocos e religiosos não se identificam realmente com eles, com seus problemas e angústias e que nem sempre apoiam os que trabalham com eles e defendem sua sorte" (CELAM, 1987, p. 143s).

Quanto à "motivação doutrinária", o Documento distingue entre "pobreza como carência", que é "um mal em si"; "pobreza espiritual" – "atitude de abertura para Deus", "disponibilidade de quem tudo espera do Senhor"; e "pobreza como compromisso", assumida "por amor" aos pobres, a exemplo de Cristo. A partir destes três sentidos da pobreza, explicita em que consiste a pobreza da Igreja. Uma Igreja pobre, diz o texto, "denuncia a carência injusta dos bens deste mundo e o pecado que a engendra", "prega e vive a pobreza espiritual como atitude de infância espiritual e abertura para o Senhor", e "compromete-se ela mesma com a pobreza material". Isso diz respeito a "todos os membros da Igreja", ainda que seja vivido de diferentes maneiras. E vale, de modo particular, para o continente latino-americano: "A Igreja da América Latina, dadas as condições de pobreza e subdesenvolvimento do continente, sente a urgência de traduzir esse espírito de pobreza em gestos, atitudes e normas, que a tornem um sinal lúcido e autêntico do Senhor. A pobreza de tantos irmãos clama por justiça, solidariedade, testemunho, compromisso, esforço e superação para o cumprimento pleno da missão salvífica confiada por Cristo" (CELAM, 1987, p. 145s).

Por fim, e como consequência do que foi dito anteriormente, a grande orientação pastoral: "queremos que a Igreja da América Latina seja evangelizadora e solidária com os pobres, testemunha do valor dos bens do Reino e humilde servidora de todos os homens de nossos povos" (CELAM, 1987, p. 146). Três aspectos inseparáveis, mas irredutíveis: "preferência e solidariedade", "testemunho", "serviço".

a) *Preferência e solidariedade.* "O mandato particular do Senhor, que prevê a evangelização dos pobres, deve levar-nos a uma distribuição tal de esforços e de pessoal apostólico que deve visar, preferencialmente, aos setores mais pobres e necessitados e aos povos segregados por uma causa ou outra. [...] Devemos tornar mais aguda a consciência do dever de solidariedade para com os pobres; exigência da caridade.

Esta solidariedade implica tornar nossos os seus problemas e suas lutas e saber falar por eles. Isso há de se concretizar na denúncia da injustiça e da opressão, na luta contra a intolerável situação suportada frequentemente pelo pobre, na disposição de diálogo com os grupos responsáveis por essa situação, para fazê-los compreender suas obrigações. [...] A promoção humana há de ser a linha de nossa ação em favor do pobre. [...] Com esse fim, reconhecemos a necessidade da estruturação racional de nossa pastoral e da integração de nosso esforço com os esforços de outras entidades" (CELAM, 1987, p. 146s);

b) *Testemunho*. "Desejamos que nossa habitação e estilo de vida sejam modestos; nossa indumentária simples; nossas obras e instituições funcionais, sem aparato nem ostentação. Pedimos [...] um tratamento que convenha à nossa missão [...], pois desejamos renunciar a títulos honoríficos de outras épocas. [...] esperamos superar o sistema de espórtulas [...]. A administração dos bens diocesanos ou paroquiais deverá ser integrada por leigos competentes e dirigida, da melhor forma possível, para o bem de toda comunidade." No mesmo espírito, exorta os "sacerdotes" e as "comunidades religiosas", estimulando de modo particular os que "se sentem chamados a compartilhar da sorte dos pobres" – inserindo-se e vivendo no meio deles. "Estes exemplos autênticos de desprendimento e liberdade de espírito farão com que os demais membros do povo de Deus deem testemunho análogo de pobreza" (CELAM, 1987, p. 147ss);

c) *Serviço*. "A Igreja não é impulsionada por nenhuma ambição terrena. O que ela quer é ser humilde servidora de todos os homens. Precisamos acentuar esse espírito em nossa América Latina. Queremos que nossa Igreja latino-americana esteja livre de peias temporais, de conveniências indevidas e de prestígio ambíguo; que, livre pelo espírito dos vínculos da riqueza, seja mais transparente e forte sua missão de serviço; que esteja presente na vida e nas tarefas temporais, refletindo a luz de Cristo na construção do mundo" (CELAM, 1987, p. 149s).

Tudo isto está na base do que depois se formulou e se consolidou como *Opção preferencial pelos pobres* – "a marca registrada da caminhada eclesial na América Latina" (BEOZZO, 2004, p. 150).[3] Trata-se, aqui, de uma "opção" claramente cristológica/teológica: "A pobreza de tantos irmãos clama por justiça, esforço e superação para o *cumprimento pleno da missão salvífica confiada por Cristo*" (CELAM, 1987, p. 146). Daí a insistência de Gustavo Gutiérrez em que "a relevância do pobre para o Reino de Deus e, por isso mesmo, para o anúncio do Evangelho, é o nervo da mudança que a Igreja latino-americana experimenta"; "esta ótica levou a comunidade cristã latino-americana a retomar a intuição de João XXIII sobre a Igreja dos pobres e a ler a partir daí os grandes temas conciliares para examinar seu alcance para o nosso continente" (GUTIÉRREZ, 1985, p. 48s).

Este é o grande mérito e a grande contribuição de Medellín para a Igreja latino-americana e caribenha e, por que não dizer, para toda a Igreja: assumir de modo consequente, tanto do ponto de vista teológico quanto do ponto de vista eclesial/pastoral, esse aspecto "essencial e primordial" da revelação cristã, que é a centralidade dos pobres e oprimidos na história da salvação. E, aqui, precisamente, reside sua

---

[3] O Documento de Aparecida afirma isso quase com as mesmas palavras: "A opção preferencial pelos pobres é uma das peculiaridades que marca a fisionomia da Igreja latino-americana e caribenha" (CELAM, 2017, n. 391).

insuperabilidade e sua perene atualidade: em pôr no centro da vida e da missão da Igreja aquilo que está no centro da vida e da missão de Jesus Cristo, por mais escandaloso que seja (cf. Lc 7,22s)!

Em Medellín, a insistência/exigência evangélica do Cardeal Lercado de colocar "como centro e alma do trabalho doutrinal e legislativo do Concílio o mistério de Cristo nos pobres e a evangelização dos pobres" se tornou realidade e, assim, a Igreja de Jesus Cristo aparece, de fato, como ela é e como ela quer/deve ser: *a Igreja de todos, mas, sobretudo, a Igreja dos pobres*.

Essa intuição fundamental foi sendo aprofundada, desenvolvida e formulada pela teologia da libertação de muitos modos e sob diversas perspectivas (cf. ELLACURÍA, 2000a, p. 417-437; 2000b, p. 439-451; 2000c, p. 453-485; 2000d, p. 487-498; SOBRINO, 1982; 2012, p. 135-155; BARREIRO, 1983; BOFF, 1991; COMBLIN, 2002, p. 88-114; AQUINO JÚNIOR, 2005, p. 193-214; 2012, p. 807-830; LENZ, 2012, p. 421-440; CARIAS, 2013, p. 849-864). E isso foi muito importante, tanto para explicitar e fundamentar a densidade teológica da "Igreja dos pobres" quanto para dinamizar pastoralmente a organização e a missão da Igreja.

A partir dos estudos bíblicos e cristológicos das últimas décadas, os teólogos da libertação foram explicitando e insistindo cada vez mais no vínculo estreito e essencial entre Jesus, o Reino e os pobres. De fato, não se pode falar de Jesus senão a partir e em função do reinado de Deus, e não se pode falar do reinado de Deus sem falar da justiça aos pobres e oprimidos deste mundo.

Por um lado, Jesus e o Reino são inseparáveis. Como bem afirma Walter Kasper, "Jesus não se anunciou a si mesmo, mas a Deus e seu reinado" (KASPER, 1982, p. 65); "o centro da mensagem de Jesus e o verdadeiro conteúdo de sua existência é o reinado de Deus" (KASPER, 1982, p. 62). Em Jesus Cristo "sua mensagem e sua pessoa se correspondem" (KASPER, 1982, p. 67): "Ele compreende sua vida completamente como obediência ao Pai e como serviço aos homens" e, desse modo, "ele é em sua pessoa a forma de existência do reinado de amor de Deus" (KASPER, 1982, p. 68). Já Orígenes falava de Jesus como *autobasileia*, isto é, o reinado de Deus em pessoa. Por essa razão não se pode falar de Jesus sem falar do reinado de Deus nem se pode seguir a Jesus sem se entregar à causa do Reino.

Por outro lado, o reinado de Deus tem a ver fundamentalmente com a justiça ao pobre, ao órfão, à viúva e ao estrangeiro – símbolo dos marginalizados de todos os tempos. Joachim Jeremias, por exemplo, afirma que "o tema central da proclamação pública de Jesus foi o reinado de Deus" (JEREMIAS, 2008, p. 160) e que "seu traço decisivo" consiste na "oferta de salvação feita por Jesus aos pobres" (JEREMIAS, 2008, p. 176). Nesse sentido, chega a afirmar de modo chocante ou mesmo escandaloso que o reinado de Deus "pertence *unicamente aos pobres*" (JEREMIAS, 2008, p. 187). E Jacques Dupont, na mesma direção, afirma que, nos evangelhos, "os pobres são vistos como os beneficiários privilegiados do Reino de Deus" (DUPONT, 1976, p. 37) e que esse privilégio "deve ser procurado, não por uma análise gratuita da psicologia dos próprios pobres, mas no conteúdo da boa-nova que lhe é anunciada" (DUPONT, 1976, p. 51). A Boa Notícia do reinado de Deus só pode ser compreendida em referência ao "ideal régio" do antigo Oriente Próximo, no qual "o rei, por sua própria missão, é o defensor daqueles que não são capazes de se defender por si mesmos"; "ele é o protetor do pobre, da viúva, do órfão e do oprimido" (DUPONT, 1976, p. 53). Nesse sentido, diz Dupont, "poder-se-á compreender perfeitamente que o anúncio do advento do Reino de Deus constitui uma boa-nova, precisamente para os pobres e para os desgraçados" (DUPONT, 1976, p. 54).

Ora, na medida em que a Igreja é a comunidade dos seguidores e seguidoras de Jesus Cristo e que, no centro da vida e missão de Jesus Cristo, está o reinado de Deus, cuja característica mais central e decisiva é a garantia dos direitos dos pobres e oprimidos, a Igreja se constitui como "Igreja dos pobres", para usar a expressão do Papa João XXIII. O ser "dos pobres" aparece, aqui, como um aspecto "essencial e primordial" do "mistério de Cristo na Igreja" (Cardeal Lercado) (GAUTHIER, 1967, p. 179), um dos "traços" essenciais da Igreja (CHENU, 1977, p. 61), "uma nota constitutiva e configurativa de toda a Igreja" (ELLABURÍA, 2000e, p. 189), uma dimensão "essencial da 'verdade' da Igreja" (BARREIRO, 1983, p. 154). Trata-se, portanto, de uma questão dogmática, de uma verdade fundamental da revelação e da fé cristãs, de uma questão de ortopráxis eclesial e de ortodoxia teológica (AQUINO JÚNIOR, 2005, p. 210), sem a qual uma "Igreja" pode ser tudo, menos Igreja de Jesus Cristo. A Igreja que é e deve ser sempre mais *una*, *santa*, *católica* e *apostólica* (Concílio de Constantinopla em 381) é e deve ser sempre mais *dos pobres* (João XXIII). Essa nota é tão essencial e fundamental na Igreja quanto as demais e é tão antiga quanto elas, ainda que sua formulação em termos dogmáticos seja recente.

Certamente, o ser *dos pobres* não esgota a realidade da Igreja. Afinal, a Igreja que é *dos pobres* é também e sempre *una*, *santa*, *católica* e *apostólica*, para usar a formulação do símbolo Niceno-constantinopolitano. Mas essa é uma de suas notas constitutivas e essenciais. De modo que, sem ela, a Igreja deixa de ser Igreja de Jesus Cristo – seu corpo vivo e atuante na história. "Justamente porque a 'opção' preferencial pelos pobres pertence ao coração mesmo do Evangelho de Jesus Cristo, quando um 'cristão' [ou uma comunidade] não assume conscientemente na sua vida, procurando vivê-la com maior fidelidade, e mais ainda quando de fato se opõe a ela, quaisquer que sejam as razões aduzidas, ele [ela] deixa *ipso facto* de ser cristão, pois coloca-se em contradição frontal com o Evangelho do Reino proclamado por Jesus e com a mesma pessoa de Jesus que é, na expressão de Orígenes, a *autobasileia*, o Reino em pessoa" (BARREIRO, 1983, p. 8s). E isso vale tanto para os cristãos e as Igrejas de países/ regiões pobres quanto para os cristãos e as Igrejas de países/ regiões ricos.

Em que consiste concretamente esse ser *dos pobres* ou como ele configura a Igreja em sua totalidade, depende do contexto histórico, das expressões que a pobreza e a opressão vão adquirindo, bem como das reais possibilidades, dos esforços e das lutas por sua superação. Estamos, portanto, diante de uma verdade de fé que se *verifica* (faz-se verdade) na história, adquirindo, assim, diferentes configurações e expressões. De modo que uma abordagem mais ampla e consequente da Igreja dos pobres precisa considerar tanto seu caráter teológico-dogmático quanto seu caráter histórico-pastoral. Aqui, em todo caso, basta-nos insistir no fato de que a *Igreja dos pobres* é uma Igreja na qual os pobres estão no centro; uma Igreja que se faz a partir e em função dos pobres e que encontra neles seu princípio de estruturação, organização e missão.

E isso marca e determina radicalmente a Igreja em sua totalidade: "Quando os pobres se tornam o centro da Igreja, eles dão direção e sentido a tudo o que legitimamente [...] e necessariamente [...] constitui a realidade concreta da Igreja: sua pregação e ação, suas estruturas administrativas, culturais, dogmáticas, teológicas etc." (SOBRINO, 1982, p. 103).

Com isso, cremos ter apresentado, em grandes linhas, a compreensão de "Igreja dos pobres" que, partindo da intuição de João XXIII e do grupo "Igreja dos pobres" no Concílio, vem sendo desenvolvida e efetivada – de maneiras diversas e com acentos diversos – em várias Igrejas do continente latino-americano e caribenho, de onde provém o novo bispo de Roma, o Papa Francisco.

2. Francisco de Roma e o projeto de "uma Igreja pobre e para os pobres"

O projeto de "uma Igreja pobre e para os pobres" está no centro das preocupações e orientações pastorais de Francisco e é a marca evangélica mais característica de seu ministério pastoral. É o que o vincula de modo mais visível e radical à Boa Notícia do reinado de Deus, centro da vida e missão de Jesus de Nazaré. Aqui está o núcleo e a pedra de toque de seu ministério e do movimento de "conversão" e/ou "reforma" pastoral por ele desencadeado e conduzido.

Não é preciso retomar e repetir as muitas afirmações e os muitos gestos de Francisco que indicam e sinalizam "uma Igreja pobre e para os pobres": *pobre no jeito de ser* (simplicidade e austeridade no modo de vida e nas expressões simbólico-rituais) e *comprometida com os pobres* (proximidade física dos pobres e prioridade pastoral). São amplamente divulgados nos meios de comunicação e, assim, de domínio público. Curiosamente, parecem repercutir e impactar positivamente muito mais em outros setores da sociedade que na Igreja ou pelo menos nas instâncias de governo da Igreja.

Aqui, interessa-nos apenas explicitar os fundamentos teológicos da centralidade dos pobres na Igreja apresentados por Francisco, bem como o modo como ele compreende, vive e repropõe pastoralmente a "opção pelos pobres" para toda a Igreja. Para isso, tomaremos como referência sua Exortação Apostólica *Evangelii Gaudium* (EG), onde apresenta de maneira oficial e mais ordenada sua concepção de Igreja e suas preocupações e orientações pastorais.

2.1 Fundamentos teológicos

Francisco afirma de modo claro e contundente que, "para a Igreja, a opção pelos pobres é mais uma categoria teológica que cultural, sociológica, política ou filosófica" (EG 198): "No coração de Deus, ocupam lugar preferencial os pobres" (EG 197) e "esta preferência divina tem consequências na vida de fé de todos os cristãos" (EG 198) e do conjunto da Igreja. "Inspirada por tal preferência, a Igreja fez uma *opção pelos pobres*, entendida como uma 'forma especial de primado da prática da caridade cristã, testemunhada por toda tradição da Igreja'" (João Paulo II); uma *opção* que "está implícita na fé cristológica naquele Deus que se fez pobre por nós, para enriquecer-nos com sua pobreza" (Bento XVI) (EG 198). Nesse contexto, apresenta e justifica seu desejo de "uma Igreja pobre para os pobres" (EG 198).

Percorrendo vários textos da Escritura e a reflexão da Igreja ao longo dos séculos, particularmente nas últimas décadas,

Francisco vai mostrando como "todo o caminho da nossa redenção está assinalado pelos pobres" (EG 197) e insistindo, a partir daí, na "conexão íntima que existe entre evangelização e promoção humana" (EG 178), bem como no primado ou privilégio dos pobres na ação evangelizadora da Igreja: "Não devem subsistir dúvidas nem explicações que debilitem esta mensagem claríssima. Hoje e sempre, 'os pobres são os destinatários privilegiados do Evangelho', e a evangelização dirigida gratuitamente a eles é sinal do Reino que Jesus veio trazer. Há que afirmar sem rodeios que existe um vínculo indissolúvel entre nossa fé e os pobres" (EG 48). Ficar "surdo" ao clamor dos pobres "coloca-nos fora da vontade do Pai e do seu projeto"; "a falta de solidariedade, nas suas necessidades, influi diretamente sobre nossa relação com Deus" (EG 187). E nisso não há dúvidas, titubeio ou meias-palavras. A opção pelos pobres pertence ao coração do Evangelho do reinado de Deus e, enquanto tal, ela é constitutiva (e não meramente consecutiva e opcional!) da fé cristã.

Nesse sentido, pode-se compreender o fato de Francisco falar, às vezes, simplesmente, de "opção pelos pobres" (EG 195, 198), sem os receios, os escrúpulos e as ponderações que, em décadas anteriores, se traduziam numa série de adjetivos (preferencial, não exclusiva nem excludente etc.)[4] que, mais que explicitar e precisar seu sentido, terminavam por enfraquecê-la e torná-la irrelevante na vida da Igreja.

---

[4] Já em *Puebla*, a "opção pelos pobres" é afirmada como "opção preferencial e solidária" (1134) e "não exclusiva" (1165), num tom claramente corretivo, como se pode comprovar no próprio texto (cf. 1134). *Santo Domingo* segue o mesmo caminho, falando de uma "opção evangélica e preferencial, não exclusiva nem excludente" (178). E *Aparecida*, mesmo sem o tom corretivo de Puebla e Santo Domingo, não deixa de reafirmar ou advertir que se trata de uma opção "não exclusiva nem excludente" (392).

E, nesse mesmo sentido, pode-se compreender também sua reação contra as tentativas (teológico-ideológicas!) de relativizar e enfraquecer a opção pelos pobres: "É uma mensagem tão clara, tão direta, tão simples e eloquente que nenhuma hermenêutica eclesial tem o direito de relativizá-la. A reflexão da Igreja sobre estes textos não deveria ofuscar nem enfraquecer seu sentido exortativo, mas antes ajudar a assumi-los com coragem e ardor. Para que complicar o que é tão simples? As elaborações conceituais hão de favorecer o contato com a realidade que pretendem explicar, e não nos afastar dela. Isso vale, sobretudo, para as exortações bíblicas que convidam, com tanta determinação, ao amor fraterno, ao serviço humilde e generoso, à justiça, à misericórdia para com o pobre" (EG 194).

Continua tendo "uma grande atualidade" o "critério-chave de autenticidade" eclesial indicado pelo chamado Concílio de Jerusalém: não esquecer os pobres (Gl 2, 10). Se há "um sinal que nunca deve faltar" entre nós é "a opção pelos últimos, por aqueles que a sociedade descarta e lança fora" (EG 195). Aqui se joga e se mede a autenticidade, a fidelidade e a credibilidade evangélicas da Igreja.

2.2 Ação pastoral

Os fundamentos teológicos da "opção pelos pobres" são claros: "deriva da nossa fé em Jesus Cristo" (EG 186), "deriva da própria obra libertadora da graça em cada um de nós" (EG 188). Não é uma questão meramente opcional. É algo constitutivo da fé cristã (cf. EG 48). Por isso mesmo, os cristãos e as comunidades cristãs "são chamados, em todo lugar e circunstância, a ouvir o clamor dos pobres" (EG 191) e a "ser instrumentos de Deus ao serviço da libertação e promoção dos pobres" (EG 187).

Mas é preciso explicitar quem são os pobres aos quais Francisco se refere, e como ele compreende e propõe pastoralmente a "opção pelos pobres" na Igreja.

a) A expressão "pobre" tem um sentido bastante amplo para Francisco, mas não tão amplo a ponto de, cinicamente, incluir-nos a todos, como se todos fôssemos pobres. Isso, além de encobrir as injustiças e desigualdades sociais e falsificar a realidade, terminaria, na prática, negando a opção pelos pobres. Afinal, se somos todos pobres, a opção pelos pobres é opção por todos. E quando todos se tornam prioridade, ninguém mais é prioridade.

Sem dúvida, em sua ação missionária, a Igreja "há de chegar a todos, sem exceção", mas privilegiando "não tanto aos amigos e vizinhos ricos, mas sobretudo aos pobres e aos doentes, àqueles que muitas vezes são desprezados e esquecidos" (EG 48). Francisco tem falado muitas vezes de "periferia" para se referir ao mundo dos pobres como destinatários privilegiados da ação evangelizadora. A Igreja tem que se voltar para as periferias do mundo – "todas as periferias" (EG 20, 30, 59): as periferias sociais e as periferias existenciais. Ela tem que "cuidar dos mais frágeis da terra" (EG 209). Falando das "novas formas de pobreza e de fragilidade", ele faz referência aos sem abrigo, aos toxicodependentes, aos refugiados, aos povos indígenas, aos idosos, aos migrantes, às mulheres, aos nascituros e ao conjunto da criação (EG 210-215). De modo que, quando fala de "pobre" e/ou de "periferia", Francisco fala dos excluídos (econômica, social, política, culturalmente etc.), dos pequenos, dos que sofrem, enfim, "dos mais frágeis da terra". Esses, precisamente, têm que estar no centro das preocupações e prioridades pastorais da Igreja.

b) Preocupações e prioridades que se devem concretizar na vida dos cristãos e das comunidades cristãs. Não se pode ficar apenas nos "grandes princípios" e em "meras generalizações". É preciso agir; "incidir com eficácia" nas situações de pobreza e sofrimento (cf. EG 182). E aqui não existe receita. Depende das circunstâncias e das possibilidades de ação. Exige muita lucidez, criatividade e ousadia (cf. EG 51, 184). Mesmo assim, Francisco faz algumas advertências e apresenta algumas diretrizes para dinamizar pastoralmente a opção pelos pobres na vida da Igreja.

Antes de tudo, a intuição e a novidade maior que vieram de Medellín e que se foram impondo, teórica e pastoralmente, na Igreja da América Latina, e que são, sem dúvida, a contribuição maior de nossa Igreja para o conjunto da Igreja: a opção pelos pobres "envolve tanto a cooperação para resolver as causas estruturais da pobreza e promover o desenvolvimento integral dos pobres como os gestos mais simples e diários de solidariedade para com as misérias muito concretas que encontramos" (EG 188); passa não só pelos gestos pessoais e comunitários de solidariedade, mas também por luta pela transformação das estruturas da sociedade.

Mas, além dessa intuição e orientação mais fundamental, e como seu desenvolvimento, Francisco indica, a partir de sua própria experiência pastoral, alguns aspectos ou exigências da opção pelos pobres que bem podem ser entendidos como uma pedagogia ou um itinerário no compromisso com os pobres e que, no fundo, revelam sua compreensão e seu modo de viver a opção pelos pobres.

Em primeiro lugar, a proximidade física dos pobres e o esforço por socorrê-los em suas necessidades imediatas. É preciso escutar o "clamor do pobre" e estar disposto a "socorrê-lo" (EG 187). Tudo começa com a "atenção" prestada ao pobre. "Esta atenção amiga é o início de uma verdadeira preocupação pela sua pessoa e, a partir dela, desejo de procurar efetivamente o seu bem." A "autêntica opção pelos pobres" se caracteriza por um "amor autêntico" e desinteressado aos pobres, o que impede tanto sua redução a um ativismo assistencialista quanto sua utilização ideológica "ao serviço de interesses individuais ou políticos". É no contexto mais amplo da "atenção" e do "amor" aos pobres que as "ações" e os "programas de promoção e assistência" devem ser desenvolvidos, e é "unicamente a partir desta proximidade real e cordial que podemos acompanhá-los adequadamente no seu caminho de libertação". Essa é "a maior e mais eficaz apresentação da boa-nova do Reino", e é isso que possibilitará aos pobres se sentirem "em casa" na comunidade eclesial (EG 199).

Em segundo lugar, o "cuidado espiritual" com os pobres. "A imensa maioria dos pobres possui uma especial abertura à fé; tem necessidade de Deus e não podemos deixar de lhe oferecer a sua amizade, a sua bênção, a sua Palavra; a celebração dos sacramentos e a proposta de um caminho de crescimento e amadurecimento na fé."[5] Daí por que "a opção preferencial pelos pobres deve traduzir-se, principalmente, numa solicitude religiosa privilegiada e prioritária".

---

[5] Francisco fala, aqui, sem dúvida, a partir do contexto argentino e latino-americano, profundamente marcado pela tradição "cristã-católica". Haveria que se perguntar se isso vale e em que medida para outros contextos não tão fortemente marcados pelo cristianismo, como a Ásia, ou profundamente secularizados, como a Europa. Em todo caso, e mesmo considerando que "esta Exortação se dirige aos membros da Igreja Católica" (EG 2000), não parece que o "cuidado espiritual" dos pobres possa se dar da mesma forma em ambientes culturais e religiosos tão distintos como América Latina, Ásia e Europa.

Francisco chega a afirmar que "a pior discriminação que sofrem os pobres é a falta de cuidado espiritual" (EG 200). Mas isso não significa que os pobres sejam meros objetos de assistência religiosa. Eles têm um "potencial evangelizador" (Puebla 1147). E "é necessário que todos nos deixemos evangelizar por eles. A nova evangelização é um convite a reconhecer a força salvífica das suas vidas, e a colocá-los no centro do caminho da Igreja. Somos chamados a descobrir Cristo neles: não só a emprestar-lhes a nossa voz nas suas causas, mas também a ser seus amigos, a escutá-los, a compreendê-los e a acolher a misteriosa sabedoria que Deus nos quer comunicar através deles" (EG 198).

Em terceiro lugar, a vivência e o fortalecimento de uma cultura da solidariedade. Isso "significa muito mais do que alguns atos esporádicos de generosidade; supõe a criação de uma nova mentalidade que pense em termos de comunidade, de prioridade da vida de todos sobre a apropriação dos bens por parte de alguns" (EG 188), e que enfrente e supere a "cultura do descartável" (EG 53), o "ideal egoísta" e a "globalização da indiferença" que se desenvolveram e se impuseram em nosso mundo, tornando-nos "incapazes de nos compadecer ao ouvir os clamores alheios" e desresponsabilizando-nos diante de suas necessidades e de seus sofrimentos (EG 54, 67). "A solidariedade é uma reação espontânea de quem reconhece a função social da propriedade e o destino universal dos bens." Tem a ver com convicções e práticas. E é fundamental, inclusive, para a realização e a viabilidade de "outras transformações estruturais" na sociedade, pois "uma mudança nas estruturas, sem gerar novas convicções e atitudes, fará com que essas mesmas estruturas, mais cedo ou mais tarde, se tornem pesadas e ineficazes" (EG 189).

Em quarto lugar, o enfrentamento das causas estruturais da pobreza e da injustiça no mundo. "Embora 'a justa ordem da sociedade e do Estado seja dever central da política', a Igreja 'não pode nem deve ficar à margem na luta pela justiça'" (EG 183). E essa é uma tarefa urgente em nosso mundo. "A necessidade de resolver as causas estruturais da pobreza não pode esperar [...]. Os planos de assistência, que acorrem a determinadas emergências, deveriam considerar-se como respostas provisórias. Enquanto não forem solucionados os problemas dos pobres, renunciando à autonomia absoluta dos mercados e da especulação financeira e atacando as causas estruturais da desigualdade social, não se resolverão os problemas do mundo e, em definitivo, problema algum. A desigualdade é a raiz dos males sociais" (EG 202). E precisa ser enfrentada com responsabilidade e radicalidade. Temos que dizer NÃO a uma "economia da exclusão" (EG 53s), à "nova idolatria do dinheiro" (EG 55s), a "um dinheiro que governa em vez de servir" (EG 57s), à "desigualdade social que gera violência" (EG 59s). "Não podemos mais confiar nas forças cegas e na mão invisível do mercado" (EG 204). E temos que lutar por uma nova "política econômica" (cf. EG 203) que garanta condições de vida decentes para todos (cf. EG 192). Sem isso, não é possível nenhum "consenso" social autêntico nem haverá paz no mundo (cf. EG 218).

É importante enfatizar que a opção pelos pobres não é "uma missão reservada apenas a alguns" (EG 188). É tarefa de todos. "Ninguém deveria dizer que se mantém longe dos pobres, porque as suas opções de vida implicam prestar mais atenção a outras incumbências"; "ninguém pode sentir-se exonerado da preocupação pelos pobres e pela justiça social" (EG 201). "Todos os cristãos, incluindo os pastores, são chamados a preocupar-se com a construção de um mundo melhor", unindo-se, nesta tarefa, às "demais Igrejas e comunidades eclesiais" (EG 183). "Cada cristão e cada comunidade são chamados a ser instrumentos de Deus ao serviço da libertação e da promoção dos pobres" (EG 187). Uma comunidade que não se compromete criativamente com a causa dos pobres, "facilmente acabará submersa pelo mundanismo espiritual, dissimulado em práticas religiosas, reuniões infecundas ou discursos vazios" (EG 207).

A modo de conclusão: Francisco e a teologia da libertação

Por fim, e a modo de conclusão, convém nos perguntarmos pela relação entre o projeto de "uma Igreja pobre para os pobres" do Papa Francisco e a teologia da libertação latino-americana e caribenha. Isso é importante tanto pela proximidade visível e pelo chão e procedência comuns de ambos quanto pelas tensões e conflitos entre a Cúria Romana e os teólogos da libertação nas últimas três décadas; e ainda pelos esforços – nunca desinteressados! – em aproximar ou distanciar o Papa Francisco da teologia da libertação.

Antes de tudo, é preciso deixar bem claro que Francisco não é um teólogo da libertação, nem sequer pode ser contado entre os bispos latino-americanos que mais promoveram, defenderam e propagaram esta teologia. E é preciso reconhecer, inclusive, que, em alguns pontos, há diferenças e mesmo divergências entre seu pensamento e o pensamento de muitos teólogos da libertação; não tanto em relação à teologia da libertação desenvolvida na Argentina, conhecida como "teologia popular" ou "teologia do povo" (cf. GERA, 2015; SCANNONE, 1976; 1986, p. 401-436; 1990; OLIVEIRA, 1996, p. 389-415;

AQUINO JÚNIOR, 2010, p. 59-69), mas em alguns pontos que diferem e divergem consideravelmente das teologias da libertação desenvolvidas nos demais países, nas décadas de 1970 e 1980. Mas é preciso reconhecer também que há muitos pontos de convergência e sintonia, particularmente no que diz respeito à dimensão social da fé e ao "vínculo indissolúvel entre nossa fé e os pobres", formulado nos termos de "Igreja pobre para os pobres" ou "opção pelos pobres".

Neste ponto, em especial, não há como negar a profunda sintonia entre Francisco e o conjunto dos teólogos da libertação. Ambos afirmam sem meias-palavras a centralidade dos pobres na revelação e na fé cristãs. Aqui está o ponto fundamental de encontro entre Francisco e a teologia da libertação nas suas mais diversas perspectivas e configurações. Isso explica e justifica a aproximação ou mesmo identificação que muitas pessoas fazem de Francisco com a teologia da libertação. E isso explica também o entusiasmo e a sintonia dos teólogos da libertação com o novo bispo de Roma.

Mas essa profunda sintonia não nega diferenças e mesmo divergências no modo de propor e dinamizar pastoralmente a opção pelos pobres. Diferenças e divergências que se dão, aliás, no interior da própria teologia da libertação. Desde o início, ela se constituiu como um movimento teológico-pastoral extremamente complexo e plural, e isso se intensificou e se ampliou enormemente nas duas últimas décadas, com o desenvolvimento de novas perspectivas teológicas: gênero, raça, etnia, ecologia e macroecumenismo. Nunca existiu uma única teologia da libertação. Por mais sintonia e unidade que haja entre as várias teologias da libertação, trata-se de sintonia e unidade plurais, diversas, tensas e, não raras vezes, divergentes.

No contexto das primeiras décadas de desenvolvimento da teologia da libertação na América Latina, as diferenças e divergências maiores se davam em relação à teologia da libertação desenvolvida na Argentina: enquanto a maioria dos teólogos da libertação acentuava e desenvolvia mais a dimensão socioestrutural da teologia, os teólogos da libertação na Argentina acentuavam e desenvolviam mais a dimensão cultural da teologia; consequentemente, enquanto aqueles priorizavam a mediação das ciências e organizações sociais, estes priorizavam a mediação das ciências hermenêuticas e antropológicas, bem como da sabedoria e religiosidade populares. E, aqui, parece-nos, situa-se a diferença e divergência entre Francisco e a maioria dos teólogos da libertação das primeiras décadas no modo de propor e dinamizar a opção pelos pobres. Francisco se situa fundamentalmente na linha da teologia da libertação argentina (cf. BIANCHI, 2013, p. 51-61; FRANCISCO, 2018, p. 34, 54, 93s, 170s), com um enfoque mais cultural que socioeconômico, acentuando mais a unidade que o conflito e priorizando as mediações culturais às mediações estruturais. Mas, paradoxalmente, supera essa teologia, na medida em que articula e integra de modo consequente e criativo enfoques que em décadas passadas pareciam divergentes e até contrapostos. Vejamos.

1. É claro que a dimensão socioestrutural da vida humana interessa a Francisco e ele tem tratado explicitamente desta questão em muitas ocasiões, particularmente na Exortação Apostólica *Evangelii Gaudium*, conforme indicamos antes. Mas, se observamos bem, veremos que seu foco e enfoque, tanto no que diz respeito à análise ou interpretação da realidade quanto a suas proposições, é fundamentalmente cultural-religioso,

centrado na problemática das mentalidades, das convicções, dos valores e dos critérios que orientam e regulam a ação humana. Daí sua crítica constante à "cultura do descartável" (EG 53), ao "ideal egoísta", à "globalização da indiferença" (EG 54), ao "individualismo pós-moderno globalizado" (EG 67), e também sua insistência na importância e urgência de uma cultura da "solidariedade" (EG 188s), inclusive como condição e caminho para as "transformações estruturais" (EG 189).

2. Francisco nem nega nem encobre as divisões e os conflitos que caracterizam nossa sociedade. Pelo contrário. Ele tem falado com insistência sobre e contra essas divisões e esses conflitos como um mal e, radicalmente, como um pecado. Mas seu foco e enfoque não estão na análise dessas divisões e desses conflitos, mas na insistência na necessidade de sua superação através do diálogo (EG 238-258) e da construção de uma cultura de solidariedade (cf. EG 188s). Para ele, "o conflito não pode ser ignorado ou dissimulado; deve ser aceito. Mas, se ficarmos encurralados nele, perdemos a perspectiva, os horizontes reduzem-se e a própria realidade fica fragmentada. Quando paramos na conjuntura conflitual, perdemos o sentido da unidade profunda da realidade" (EG 226).[6] Não obstante a verdade dessa posição, o risco, aqui, é acentuar de modo excessivo a unidade sem

---

[6] Essa mesma tese encontra-se formulada por Scannone nos termos de "prioridade lógica e ontológica" da "dialética homem-mulher" [encontro em relação de fraternidade] sobre a "dialética senhor-escravo" [conflito em relação de dominação] (cf. SCANNONE, 1990, 177s). "Não se trata apenas de um imperativo ético de primazia do encontro sobre o conflito, mas de uma estrutura ontológica" (SCANNONE, 1990, p.178).

considerar suficientemente a estrutura conflitual da sociedade, desembocando num otimismo idealista e ineficaz.[7]

3. E tudo isso repercute nas orientações e proposições pastorais. Provavelmente, aqui, aparece a diferença maior de enfoque e de caminho no modo de propor e dinamizar pastoralmente a opção pelos pobres entre Francisco e muitos teólogos da libertação. Enquanto estes, na linha aberta por Medellín e Puebla, acentuam a dimensão socioestrutural da vida e a necessidade de mediações teóricas e práticas que propiciem uma verdadeira transformação das estruturas da sociedade, Francisco, em sintonia com a teologia desenvolvida na Argentina, volta-se mais para a dimensão cultural-religiosa da vida humana, insistindo na necessidade e urgência de uma cultura da solidariedade, mediada pela "construção de uma nova mentalidade" (EG 188) que se traduza em "convicções e práticas de solidariedade" (EG 189).[8] Sem deixar de reconhecer e insistir na importância e urgência de mediações sociais que provoquem e dinamizem processos de transformação da sociedade, como se vê

---

[7] *Grosso modo*, é o risco da teologia popular argentina, como reconhece o próprio Scannone: "O risco de cair em certo romantismo populista facilmente instrumentalizável pelas forças antilibertadoras ou em mero reformismo ineficaz que confunda viabilidade com conchavo" (SCANNONE, 1976, p. 75); o risco de um "uso ideológico populista" que "encobre a real conflitividade histórica e a exigência ético-histórica de sua superação na justiça" (SCANNONE, 1990, p. 184s).

[8] Esse foi um dos temas centrais dos discursos de Francisco na Jornada Mundial da Juventude que aconteceu no Rio de Janeiro em julho de 2013, como se pode ver nos discursos proferidos na visita à comunidade de Varginha, na missa com os bispos, padres, religiosos e seminaristas, no encontro com a classe dirigente e na entrevista à rádio da arquidiocese do Rio de Janeiro (cf. PAPA FRANCISCO, 2013). E esse tema tem voltado sempre em suas homilias e discursos.

claramente em seus encontros mundiais com os movimentos populares (cf. AQUINO JÚNIOR, 2018).

Francisco tem mostrado que, embora diferentes, estes acentos e enfoques não se contrapõem sem mais. Podem e devem se complementar. O grande desafio consiste em articulá-los de maneira coerente e eficaz, de modo a garantir que a justiça, entendida como efetivação do direito dos pobres e oprimidos, torne-se realidade em nosso mundo. Pois, se não é possível verdadeira transformação das estruturas da sociedade sem transformação das mentalidades e dos valores culturais-religiosos (cf. EG 189), a transformação das mentalidades e dos valores culturais-religiosos precisa se traduzir nas estruturas da sociedade; e em boa medida já é possibilitada e mediada por novas estruturas sociais. Noutras palavras, a opção pelos pobres tem tanto uma dimensão cultural quanto uma dimensão estrutural. Ela deve ser mediada cultural e estruturalmente. E de tal modo que possa ir configurando as estruturas da sociedade e a cultura a partir e em vista dos pobres e oprimidos deste mundo, que são, n'Ele, juízes e senhores de nossas vidas, comunidades, teologias, sociedades e culturas (cf. Mt 25,31-46).

Referências bibliográficas

ALBERIGO, Giuseppe. *Breve história do Concílio Vaticano II*. Aparecida: Santuário, 2006.

AQUINO JÚNIOR, Francisco de. *A teologia como intelecção do reinado de Deus*: o método da teologia da libertação segundo Ignácio Ellacuría. São Paulo: Loyola, 2010.

AQUINO JÚNIOR, Francisco de. Igreja dos pobres: sacramento do povo universal de Deus. Tópicos de uma eclesiologia macroecumênica da libertação. In: TOMITA,

Luiza; BARROS, Marcelo; VIGIL, José Maria (org.). *Pluralismo e libertação*: por uma teologia latino-americana pluralista a partir da fé cristã. São Paulo: Loyola, 2005. p. 193-214.

AQUINO JÚNIOR, Francisco de. Igreja dos pobres: do Vaticano II a Medellín e aos dias atuais. *REB*, 288 (2012) 807-830.

AQUINO JÚNIOR, Francisco de. *Organizações populares*. São Paulo: Paulinas, 2018.

BARREIRO, Álvaro. *Os pobres e o Reino*: do Evangelho a João Paulo II. São Paulo: Loyola, 1983.

BEOZZO, José Oscar. *A Igreja do Brasil de João XXIII a João Paulo II*: de Medellín a Santo Domingo. Petrópolis: Vozes, 1994.

BEOZZO, José Oscar. Presença e atuação dos bispos brasileiros no Vaticano II. In: LOPES GONÇALVES, Paulo Sérgio; BOMBONATTO, Vera Ivanise (org.). *Concílio Vaticano II*: análise e prospectivas. São Paulo: Paulinas, 2004. p. 117-162.

BIANCHI, Enrique C. Der Geist weht vom Süden her und drängt die Kirche hin zu den Armen. In: HOLZTRATTNER, Magdalena (hg.). *Innovation Armut, wohin führt Papst Franziskus die Kirche?* Innsbrück: Tyrolia, 2013. p. 51-61.

BOFF, Leonardo. *E a Igreja se fez povo*. Eclesiogênese: a Igreja que nasce da fé do povo. Petrópolis: Vozes, 1991.

CALIMAN, Cleto. A trinta anos de Medellín: uma nova consciência eclesial na América Latina. *Perspectiva Teológica* 31 (1999) 163-180.

CARIAS, Celso Pinto. Por uma Igreja pobre: uma experiência eclesial vivida pelas CEBs. *REB*, 292 (2013) 849-864.

CELAM. *Conclusões da Conferência de Puebla*. Evangelização no presente e no futuro da América Latina. São Paulo: Paulinas, 1986.

CELAM. *Conclusões de Medellín*. São Paulo: Paulinas, 1987.

CELAM. *Documento de Aparecida*. São Paulo: Paulinas, 2007.

CELAM. *Santo Domingo*. Conclusões da IV Conferência do Episcopado Latino-americano. São Paulo: Paulinas, 1992.

CHENU, Marie-Dominique. A Igreja e os pobres no Vaticano II. *Concílium* 124 (1977) 61-66.

COMBLIN, José. *O Povo de Deus*. São Paulo: Paulus, 2002.

DUPONT, Jacques. Os pobres e a pobreza segundo os ensinamentos do Evangelho e dos Atos dos Apóstolos. In: DUPONT, Jacques; GEORGE, Augustin et al. *A pobreza evangélica*. São Paulo: Paulinas, 1976, p. 37-66.

ELLACURÍA, Ignacio. El auténtico lugar social de la Iglesia. *Escritos Teológicos II*, San Salvador: UCA, p. 439-451, 2000b.

ELLACURÍA, Ignacio. La Iglesia de los pobres, sacramento histórico de liberación. *Escritos Teológicos II*, San Salvador: UCA, p. 453-485, 2000c.

ELLACURÍA, Ignacio. Las bienaventuranzas, carta fundacional de la Iglesia de los pobres. *Escritos Teológicos II*, San Salvador: UCA, p. 417-437, 2000a.

ELLACURÍA, Ignacio. Notas teológicas sobre religiosidad popular. *Escritos Teológicos II*. San Salvador: UCA, p. 487-498, 2000d.

ELLACURÍA, Ignacio. Pobres. *Escritos Teológicos II*, San Salvador: UCA, p. 171-192, 2000e.

GAUTHIER, Paul. *Les pauvres, Jesus et l'Eglise*. Paris: Éditions universitaires, 1962.

GAUTHIER, Paul. *O Concílio e a Igreja dos pobres*: "Consolai meu povo". Petrópolis: Vozes, 1967.

GAUTHIER, Paul. *O Evangelho da justiça*. Petrópolis: Vozes, 1969.

GERA, Lucio. *La teología argentina del pueblo*. Santiago de Chile: Ediciones Universidad Alberto Hurtado, 2015.

GUTIÉRREZ, Gustavo. O Concílio Vaticano II na América Latina. In: BEOZZO, José Oscar (Org.). *O Vaticano II e a Igreja Latino-americana*. São Paulo: Paulinas, 1985. p. 17-49.

JEREMIAS, Joachim. *Teologia do Novo Testamento*. São Paulo: Hagnos, 2008.

JOÃO XXIII. Mensagem radiofônica a todos os fiéis católicos, a um mês da abertura do Concílio. In: VATICANO II. *Mensagens discursos e documentos*. São Paulo: Paulinas, 2007.

KASPER, Walter. *Introducción a la fe*. Salamanca: Sígueme, 1982.

KLOPPENBURG, Boaventura. *Concílio Vaticano II*. Petrópolis: Vozes, 1966. v. V.

LENZ, Matias Martinho. O Concílio Vaticano II: a presença da Igreja no mundo em espírito de serviço, em especial aos mais pobres. *Revista Pistis & Práxis* 21 (2012) 421-440.

OLIVEIRA, Manfredo Araújo de. *Reviravolta linguístico-pragmática na filosofia contemporânea*. São Paulo: Loyola, 1996.

PALÁCIO, Carlos. Trinta anos de teologia na América Latina: um depoimento. In: SUSIN, Luis Carlos (org.). *O mar se abriu*: trinta anos de teologia na América Latina. São Paulo: Loyola, 2000. p. 51-64.

PAPA FRANCISCO. *Exortação Apostólica Evangelii gaudium*. São Paulo: Paulinas, 2013.

PAPA FRANCISCO. *O futuro da fé*: entrevistas com o sociólogo Dominique Wolton. Rio de Janeiro, 2018.

PELLETIER, Denis. Une marginalité engagée: Le groupe 'Jésus, l'Église et les pauvres. In: LAMBERIGTS, M.; SOETENS, Cl.; GROOTAERS (éd). *Les commissions conciliaires à Vatican II*. Leuven: Bibliotheek van de Faculteit Godgeleerdheid, 1996, 63-89.

SCANNONE, Juan Carlos. *Nuevo punto de partida de la filosofía latinoamericana*. Buenos Aires: Guadalupe, 1990.

SCANNONE, Juan Carlos. Papa Francesco y la teología del popolo. *La Civiltá Cattolica* 3930 (2014) 553-656.

SCANNONE, Juan Carlos. *Teología de la liberación y praxis popular*: aportes críticos para una teología de la liberación. Salamanca: Sígueme, 1976.

SCANNONE, Juan Carlos. Theologie der Befreiung – Characterizierung, Strömungen, Etappen in: NEUFELD, Karl Heinz. *Probleme und Perspectiven dogmatischer Theologie*. Düsseldorf: Patmos, 1986. p. 401-436.

SOBRINO, Jon. La Iglesia de los pobres desde el recuerdo de monseñor Romero. *Revista Latinoamericana de Teología* 86 (2012) 135-155.

SOBRINO, Jon. *Ressurreição da verdadeira Igreja*: os pobres, lugar teológico da eclesiologia. São Paulo: Loyola, 1982.

SOUSA, Luis Alberto Gomes de. A caminhada de Medellín a Puebla. *Perspectiva Teológica* 31 (1999) 223-234.

TEPEDINO, Ana Maria. De Medellín a Aparecida: marcos, trajetórias, perspectivas da Igreja Latino-americana. *Atualidade Teológica* 36 (2010) 376-394.

VIGIL, José Maria. *Vivendo o Concílio*: guia para a animação conciliar da comunidade cristã. São Paulo: Paulinas, 1987.

Documento de Aparecida: o "texto original", o "texto oficial" e o Papa Francisco

AGENOR BRIGHENTI[*]

Terminados os trabalhos da V Conferência Geral dos Bispos da América Latina e Caribe em Aparecida no ano de 2007, seus participantes e assessores tinham em mãos o "texto original" do Documento de Aparecida, que teve na presidência da Comissão de Redação o então Cardeal Bergoglio, hoje Papa Francisco. Semanas depois, mais precisamente no dia 29 de junho, quando o Papa Bento XVI "autorizou" (*sic*) a publicação do Documento Conclusivo, houve a desagradável surpresa de constatar que o "texto oficial" não coincidia com o "texto original". Entre o término da Assembleia e a data da "autorização" de publicação do Documento, haviam sido feitas cerca de 250 mudanças no "texto original", muitas delas de menor importância, mudanças de forma ou de redação, mas outras tantas maiores, de conteúdo, pelo menos umas 40, importantes, básicas.

O fato provocou a mobilização de setores significativos da Igreja na busca de uma explicação sobre as mudanças

---

[*] Doutor em Ciências Teológicas e Religiosas pela Universidade Católica de Louvain, professor na Pontifícia Universidade Católica do Paraná, membro da Equipe de Reflexão Teológica-Pastoral do CELAM, perito do CELAM na Conferência de Santo Domingo e da CNBB em Aparecida.

efetuadas no "texto original", tanto junto à Presidência da Assembleia como à Presidência do Conselho Episcopal Latino-americano (CELAM). A resposta, em um primeiro momento, foi de que o "texto original" e o "texto oficial" eram exatamente os mesmos. Entretanto, quando se demonstrou, através de um minucioso trabalho analítico em quadros sinóticos,[1] as supressões, correções e os acréscimos ao "texto original", a primeira explicação ficou desqualificada. Afirmava-se que, terminada a Assembleia, tudo o que a Presidência da Assembleia havia feito tinha sido levar o texto a Roma para a "aprovação" do Papa. O desconcerto foi ainda maior quando um membro da própria Presidência contou que o Papa, ao receber o texto, teria dito que, por se tratar de um documento dos bispos da Igreja na América Latina e Caribe, não caberia a ele "aprovar", mas simplesmente "autorizar" a publicação, exatamente como está expresso na carta que abre o Documento.[2]

Então, afinal, quem foram os autores das mudanças no "texto original" do Documento de Aparecida, entregue pela Comissão de Redação, presidida pelo então Cardeal Bergoglio, à Presidência da Assembleia para levá-lo ao papa? Nunca houve uma explicação oficial. Entretanto, conhecendo-se o teor do debate na Assembleia e as propostas

---

[1] Trata-se do trabalho esmeradamente elaborado pelo biblista argentino Eduardo de la Serna e amplamente divulgado nos meios eclesiais, mobilizados em torno das mudanças no "texto original" do Documento de Aparecida.

[2] Neste particular, diz expressamente a carta do Papa Bento XVI: "Ao mesmo tempo que expresso meu reconhecimento pelo amor a Cristo e à Igreja, e pelo espírito de comunhão que caracterizou a Conferência Geral, autorizo a publicação do Documento Conclusivo, pedindo ao Senhor que, em comunhão com a Santa Sé e com o devido respeito pela responsabilidade de cada Bispo em sua própria Igreja local, ele seja luz e alento para um rico trabalho pastoral e evangelizador nos anos vindouros".

das emendas apresentadas e não aprovadas e que agora aparecem no "texto oficial", praticamente os autores das mudanças efetuadas deixaram nelas a própria assinatura. Por outro lado, ninguém poderia imaginar, muito menos os censores, que, poucos anos depois, o então presidente da Comissão de Redação do "texto original" do Documento viria a ser papa. E mais que isso, praticamente todas aquelas mudanças ou supressões que os censores haviam feito no "texto original", o então Cardeal Bergoglio e agora Papa Francisco traria novamente à tona e as proporia à Igreja como um todo, tanto através de seus reiterados pronunciamentos como de seus documentos.

Neste estudo, no intuito de explicitar os "Ventos do Sul na nova conjuntura eclesial" com a ascensão ao pontificado do Cardeal Bergoglio, selecionamos dez das maiores mudanças efetuadas pelos censores no "texto original" do Documento de Aparecida. Sobre cada uma delas, apresentaremos sua redação no "texto original" em comparação com o "texto oficial", seguida do resgate que o Papa Francisco está fazendo daquilo que os censores haviam pontuado ou suprimido.

Quando se vê, na atualidade, o empenho do Papa Francisco na reforma da Cúria Romana e as dificuldades e até hostilidades que está encontrando em levar a cabo sua arrojada proposta evangelizadora, entende-se melhor de onde vieram as mudanças no "texto original" de Aparecida e as razões que moveram seus censores. Felizmente, se, por um lado, essa ingerência minimizou o profetismo da Conferência de Aparecida, por outro, mostra o Papa Francisco fazendo-se porta-voz da rica trajetória da Igreja na América Latina à Igreja inteira, ainda que isso incomode ou pareça inoportuno para determinados segmentos da

Igreja, alguns deles muito próximos do papa ou até mesmo em sua casa, e provavelmente alguns deles censores do Documento de Aparecida.

1. A renovação do Vaticano II

Uma das questões sensíveis, colocadas em relevo pelos censores do Documento de Aparecida, é a renovação do Concílio Vaticano II, em grande medida, um processo pendente, sobretudo com a "involução eclesial" das últimas décadas. A batalha em torno da hermenêutica dos documentos do Concílio é a expressão de um mal-estar criado por setores mais conservadores da Igreja, arraigados a uma postura apologética ante o mundo moderno, nostálgicos de um passado sem retorno. Com posturas ainda mais fechadas, segmentos tradicionalistas têm fundamentado sua eclesiologia numa cristologia docetista (a Igreja como o Corpo Místico de Cristo), divinizando a Igreja, quando o Vaticano II resgatou também seu caráter histórico e humano, estabelecendo uma distinção ou permanente tensão entre carisma e instituição. Como diz Mircea Eliade, a religião é uma instituição hierofânica, na medida em que seu objetivo é transparecer o divino através do humano, sem jamais o humano pretender tomar o lugar do divino, sob pena de eclipsá-lo. Além do divino, o humano é constitutivo da Igreja e, portanto, como afirma a *Lumen Gentium*, além de santa, a Igreja é também pecadora. H. de Lubac, resgatando os Santos Padres, fala da Igreja como uma *casta meretrix*. Por isso, o lema de Calvino: *ecclesia semper reformanda*, que o Vaticano II assume em *Unitatis Redintegratio* (UR 6).

Nesta perspectiva, a Conferência de Santo Domingo irá falar de "conversão pastoral" da Igreja e, *Aparecida*, além desta, também de "conversão eclesial" ou de reforma das estruturas da Igreja, que, segundo os bispos, muitas delas hoje são caducas. Por ocasião do Jubileu do ano 2000, o Papa João Paulo II, tal como expressou em *Ut Unum Sint* (2005), *Tertio Milenio Adveniente* (1994) e *Novo Milennio Ineunte* (2001), quis fazer um solene pedido de perdão pelos pecados da Igreja, cometidos através dos séculos. Entretanto, o papa encontrou oposição de seus mais próximos, restringido o pedido de perdão pelos pecados cometidos "por filhos da Igreja".

1.1 A autocrítica de Aparecida: sair da Igreja para encontrar Deus

O "texto original" do Documento de Aparecida, em várias passagens, registrava uma autocrítica da Igreja em relação a vários assuntos relativos à sua trajetória histórica. Com relação ao êxodo de católicos, especialmente para movimentos religiosos autônomos de caráter neopentecostal, o "texto original" reconhecia: "Na verdade, muita gente que passa para outros grupos religiosos não está buscando sair de nossa Igreja, mas está buscando sinceramente a Deus". Sem dúvida, é uma frase forte, uma profunda autocrítica com relação às causas do crescimento das Igrejas pentecostais. Os censores, entretanto, matizaram a crueza da análise, dando à frase a seguinte redação: "... esperam encontrar respostas a suas inquietações. Procuram, não sem sérios perigos, responder a algumas aspirações que, quem sabe, não têm encontrado, como deveria ser, na Igreja" (DAp 225). Na mesma perspectiva, rompendo com uma postura apologética e proselitista em relação aos pentecostais, foi supresso do "texto original": "Um passo nesta direção é o encontro com interlocutores pentecostais responsáveis e fraternos que partilham a estima, a oração e o estudo" (DAp 233).

Outro aspecto em que os censores revelam dificuldade em assimilar a renovação do Vaticano II, também em relação à instituição eclesial, é a questão de pecados "da Igreja" ou de "filhos da Igreja". Dizia o "texto original": "A Igreja Católica na América Latina e no Caribe, apesar de suas deficiências e ambiguidades...". Diz o "texto oficial": "A Igreja Católica na América Latina e Caribe, apesar das deficiências e ambiguidades de alguns de seus membros..." (DAp 98). Mais adiante, aparecia: "Reconhecemos que, muitas vezes, nós os católicos temos nos afastado do Evangelho...". Agora, aparece: "Reconhecemos que, em ocasiões, alguns católicos têm se afastado do Evangelho..." (DAp 100). O próprio Papa Bento XVI, no Discurso Inaugural de Aparecida, expressou um posicionamento que provocou pronta reação, sobretudo nos meios indígenas e afro-americanos. Falando do processo de evangelização na América Latina, disse: "Com efeito, o anúncio de Jesus e de seu Evangelho não supôs, em nenhum momento, uma alienação das culturas pré-colombianas, nem foi uma imposição de uma cultura estranha" (DAp DI).

1.2 A autocrítica do Papa Francisco: uma Igreja autorreferencial

Ter que sair da Igreja para encontrar a Deus, dialogar com os pentecostais e uma Igreja que se reconhece pecadora e pede perdão pelos pecados cometidos em seu itinerário histórico, é inconcebível para os censores do Documento de Aparecida, mas não para o Papa Francisco. Tal como fazia menção o "texto original" do Documento de Aparecida, também para o Papa, na Igreja, não há apenas pecados pessoais de alguns de seus membros. Há também pecados estruturais, que requerem permanente conversão da instituição, mudanças em suas estruturas, muitas delas caducas ou ultrapassadas. Desde a primeira hora de seu pontificado, o papa tem se referido aos limites de uma Igreja autorreferencial (cf. EG 95), centrada em si mesma, aprisionando o próprio Cristo entre seus muros. Uma Igreja pautada pelo eclesiocentrismo de uma instituição que se crê o único meio de salvação, regida por princípios ideais e integrada por fiéis que se enquadrariam nos inúmeros requisitos preestabelecidos pelas leis canônicas. Na realidade, sobram e se toma distância: dos irregulares, em situações que ferem códigos legais; dos que estão nas "periferias do pecado", considerados perdidos porque impedidos de acesso aos sacramentos; dos que estão "nas periferias da ignorância e da prescindência religiosa", excluídos como interlocutores dignos de serem levados a sério; dos que estão "nas periferias do pensamento", desafio aos sistemas teológicos de contornos nítidos e certezas incontestáveis; enfim, dos que estão "nas periferias da injustiça, da dor e de toda miséria", clamando não pelo julgamento de um juiz, mas pelo regaço de uma mãe (BRIGHENTI, 2014, p. 15). Para o Papa Francisco, "a posição do discípulo missionário não é uma posição de centro, mas de periferia" (IRMÃS PAULINAS, 2013, p. 143).[3] Ainda como Bispo em Buenos Aires, ele criticava "as pastorais distantes", pastorais disciplinares que privilegiam os princípios, as condutas, os procedimentos organizacionais, sem proximidade,

---

[3] Alocução no Encontro com a Comissão de Coordenação do CELAM, por ocasião de sua visita ao Brasil, no Centro de Estudos do Sumaré, Rio de Janeiro, dia 28 de julho.

sem ternura, nem carinho. Ignora-se, dizia ele, a "revolução da ternura", que provocou a encarnação do Verbo (EG 88).

Na *Evangelii Gaudium*, o Papa Francisco, ao comparar a "imagem ideal da Igreja" com seu "rosto real", advoga por uma renovação profunda, através de uma "conversão eclesial como a abertura a uma reforma permanente de si mesma por fidelidade a Jesus Cristo" (EG 26). Certas cristalizações de estruturas eclesiais estorvam o dinamismo da evangelização. Para o Papa, este processo de conversão e transformação deve acontecer em todos os níveis eclesiais, principalmente nas dioceses (EG 31) e na Cúria Romana (EG 32).

Tarefa pendente em relação à trajetória da Igreja na América Latina era um pedido de perdão pelos seus pecados, cometidos durante a época colonial. Entretanto, durante a Conferência de Aparecida, por mais que os bispos insistissem, não se permitiu que este ato de contrição fosse registrado no texto conclusivo. Agradável surpresa é ver o Papa Francisco, em sua recente visita à Bolívia, dizer com todas as letras: "Alguns podem dizer que, quando o Papa fala de colonialismo, ele se esquece de algumas ações da Igreja. Mas eu digo isso a vocês com lamento: muitos pecados foram cometidos contra os povos latinos em nome de Deus. Eu humildemente peço perdão, não apenas pelas ofensas da Igreja em si, mas também pelos crimes cometidos contra povos nativos durante a chamada conquista da América".[4] Ainda na Bolívia, no discurso pronunciado durante um encontro de líderes indígenas e com a presença do primeiro presidente indígena do país, Evo Morales, Francisco destacou que,

---

[4] Pronunciamento feito no dia 09 de julho de 2015, em Santa Cruz de La Sierra, recebendo aplausos dos presentes.

no passado, líderes latino-americanos da Igreja Católica já reconheceram que "graves pecados foram cometidos contra os povos nativos da América em nome de Deus". E continuou: "Também quero que nos lembremos dos milhares de padres que, com o poder da cruz, se opuseram fortemente à lógica da espada. Houve pecado, e muitos. Mas nunca pedimos desculpas, então, agora peço perdão", disse, fugindo do roteiro preparado para o discurso.

Com relação às Igrejas pentecostais, que os censores do "texto original" do Documento de Aparecida tenderam a menosprezar, desclassificando-as como interlocutoras e depositárias de valores que questionam a Igreja Católica, o Papa Francisco também fez um gesto desconcertante. Por ocasião de sua visita ao Brasil, durante a Jornada Mundial da Juventude, caminhando pela comunidade de Varginha, no Complexo de Manguinhos, zona norte da capital do Rio de Janeiro, o Papa Francisco entrou em uma igreja evangélica da Assembleia de Deus, falou com o pastor e com as pessoas ali presentes, e os convidou a rezarem juntos um Pai-Nosso. Na Itália tem feito visita "oficial" a Igrejas pentecostais.

2. A opção pelos pobres

Uma outra questão sensível colocada em relevo pelos censores do Documento de Aparecida é em relação aos pobres. A opção pelos pobres, tal como afirmou o Papa Bento XVI em Aparecida, "radica na fé cristológica", embora nem sempre tenha sido preferencial na Igreja. O Papa João XXII, consciente da "irrupção do Terceiro Mundo", tal como acusam as Encíclicas *Mater et Magistra* (1961) e *Pacem in Terris* (1963), ao convocar o Vaticano II, sonhou com "uma Igreja pobre e para os pobres, para que seja a Igreja de todos". Durante o Concílio, o "Grupo Igreja dos Pobres", que se reunia junto ao Cardeal Lercaro, e o "Pacto das Catacumbas", em torno de Dom Helder Camara, trouxeram esta sensibilidade para dentro da aula conciliar. Terminado o Concílio, o Papa Paulo VI, assumindo a perspectiva dos pobres do "Terceiro Mundo", publicou a *Populorum Progressio* (1967), que iria ter influência decisiva sobre a Conferência de Medellín (1968) e a explicitação e a tematização da opção preferencial pelos pobres na vida cristã.

Na América Latina, em pleno período de ditaduras militares, que se impuseram sob o patrocínio dos Estados Unidos em quase todos os países do Continente, a Igreja, consequente com a opção pelos pobres, adquire um rosto profético e libertador, em torno das Comunidades Eclesiais de Base, da leitura popular da Bíblia, da pastoral social, da teologia da libertação e dos mártires das causas sociais. A repressão não tardou a se impor fora da Igreja pelos regimes de exceção e, dentro dela, mal-entendidos e difamações proliferaram através de segmentos reticentes à renovação do Vaticano II.

2.1 A opção pelos pobres adjetivada pelos censores

As tensões em torno da opção pelos pobres se fizeram presentes também na Conferência de Aparecida. Por um lado, a afirmação do Papa Bento XVI, no Discurso Inaugural, de que é uma opção que "radica na fé cristológica", livrou a Assembleia de debates em torno da questão, prestando um grande serviço aos bispos. Mas, por outro lado, os censores se encarregaram de adjetivá-la no "texto oficial", corrigindo o "texto original". Sempre que o texto se referia à "opção pelos pobres", acrescentou-se: "Ela, não obstante, não é nem exclusiva nem excludente" (DAp 392).

Ora, a opção pelos pobres, desde que foi tematizada pela Igreja na América Latina em torno da Conferência de Medellín, se sabe que não é uma opção contra os ricos, mas contra a pobreza e a exclusão, à qual os ricos precisam também estar engajados. A desconfiança de que a opção pelos pobres seja classista é ainda ranço do temor do marxismo, que tanto as ditaduras militares como os setores conservadores da Igreja mantiveram por décadas. Este temor aparece também na cristologia. O "texto original" refere-se a Jesus "feito pobre", e os censores mudaram no "texto oficial" por "feito homem" (DAp 176). Na realidade, se não compreendem a opção pelos pobres feita por Jesus, muito menos vão compreender o sentido e o alcance da mesma opção feita por cristãos engajados na construção de uma sociedade onde caibam todos.

2.2 Papa Francisco: os pobres são a carne de Cristo

Um Jesus Cristo pobre, que fez opção pelos pobres e assumiu a defesa deles como causa mesma de Deus, é matizado pelos censores do Documento de Aparecida, mas não pelo Papa Francisco. Em seu modo de ser e em seus pronunciamentos, a opção pelos pobres é uma questão central. Na inauguração de seu pontificado, inspirado em João XXIII e alicerçado no testemunho dos mártires das causas sociais da Igreja na América Latina, o Papa Francisco expressou seu sonho incômodo: "Como eu gostaria de uma Igreja pobre para os pobres!" (EG 198). E começou por ele mesmo: pagando suas contas no dia seguinte à sua eleição, simplificando seus trajes, trocando o "trono" por uma cadeira, conservando sua cruz peitoral e seus sapatos pretos, utilizando carro modesto... É a expressão da acolhida da famosa admoestação de São Bernardo ao seu confrade cisterciense, eleito

Papa Eugênio III: "Não te esqueças que és o sucessor de um pescador e não do imperador Constantino". Em entrevista a um jornalista italiano, o Papa Francisco disse que "os chefes da Igreja, geralmente, têm sido narcisistas, adulados e exaltados pelos seus cortesãos. A corte é a lepra do papado" (BRIGHENTI, 2014, p. 17).

Em sua visita ao Brasil, o Papa Francisco repetiu em diversas ocasiões: "A Igreja deve sempre lembrar que não pode afastar-se da simplicidade" (IRMÃS PAULINAS, 2013, p. 91).[5] Prestígio e poder são classificados por ele de "mundanismo", pois afasta a Igreja da proposta evangélica do Reino de Deus, inaugurado e mostrado em Jesus de Nazaré (EG 93). Em *Evangelii Gaudium* afirma que "este escuro mundanismo se manifesta em muitas atitudes aparentemente opostas, mas com a mesma pretensão de 'dominar o espaço da Igreja'. Em alguns, há um cuidado ostentoso da liturgia, da doutrina e do prestígio da Igreja, mas sem preocupá-los que o Evangelho tenha uma real inserção no Povo de Deus e nas necessidades concretas da história. Assim, a vida da Igreja se converte em peça de museu ou em uma posse de poucos" (EG 95).

Coerente com o espírito da "opção pelos pobres", tão bem explicitada e tematizada pela teologia latino-americana, o Papa Francisco faz dos pobres uma questão primeira e central na vida da Igreja e de seu pontificado. A preocupação primeira do Papa Francisco não é sua autoridade ou imagem pública, nem a doutrina da Igreja ou discursos bem arquitetados, mas o sofrimento e causa dos pobres no mundo, que são a causa de Deus. Como Jesus veio "para que todos tenham

---

[5] Alocução no Encontro com o Episcopado Brasileiro, por ocasião de sua visita ao Brasil, no Arcebispado do Rio de Janeiro, no dia 27 de junho de 2013.

vida e vida em abundância" (Jo 10,10), a prioridade não é a religião, mas a vida minguada e ameaçada de dois terços da humanidade. Nisto está a essência do Evangelho, pois recolhe o modo de relação de Jesus com o sofrimento dos doentes, dos pobres, dos desprezados, sejam eles pecadores ou publicanos, crianças silenciadas ou mulheres desprezadas.

Para o Papa Francisco, urge "uma Igreja pobre e para os pobres" (EG 198) reais, não virtuais, numa opção pelos pobres espiritualistas. Como disse numa obra social em Roma e repetiu no Brasil: "Vocês, os pobres, são a carne de Cristo"[6] (IRMÃS PAULINAS, 2013, p. 30). Os pobres prolongam a paixão de Cristo, na paixão do mundo (Leonardo Boff). Por isso, para o Papa, "é nas favelas, nas vilas míseras, onde se deve ir buscar e servir a Cristo" (ibid., p. 71).[7] No Centro Astalli, respondendo a algumas perguntas sobre "periferias existenciais", o Papa encoraja os institutos religiosos com poucas vocações a não venderem os seus edifícios, mas abri-los aos necessitados. E acrescentou: "A realidade é mais bem entendida a partir da periferia do que do centro, que corre o risco da atrofia" (BRIGHENTI, 2014, p. 18).

Em *Evangelii Gaudium*, diante de tantas espiritualidades alienantes, o Papa Francisco clama por um cristianismo encarnado: "Mais do que o ateísmo, hoje se coloca o desafio de responder adequadamente à sede de Deus de muita gente,

---

[6] Expressão do Papa Francisco em pronunciamento feito por ocasião de sua visita ao Brasil, concretamente ao Hospital São Francisco de Assis na Providência de Deus, Rio de Janeiro, no dia 24 de julho de 2013.

[7] Palavras pronunciadas por ocasião de sua visita ao Brasil, em 2103, mais precisamente na homilia da missa celebrada com bispos, presbíteros, religiosos e seminaristas durante a Jornada Mundial da Juventude, na Catedral do Rio de Janeiro, no dia 27 de julho.

para que não busquem apagá-la com propostas alienantes ou em um Jesus Cristo sem carne e sem compromisso com o outro. Se não encontram na Igreja uma espiritualidade que os sane, liberte, os encha de vida e de paz, ao mesmo tempo em que os convoque à comunhão solidária e à fecundidade missionária, acabarão enganados por propostas que não humanizam, nem dão glória a Deus" (EG 89).

3. Sistema econômico-político e ecologia

Uma terceira questão sensível, colocada em relevo pelos censores do Documento de Aparecida, é com relação ao sistema liberal capitalista. Diz Y. Calvez que, na Doutrina Social do magistério pontifício, com relação ao sistema coletivista marxista, a posição da Igreja foi sempre de uma intrínseca incompatibilidade com os princípios cristãos. Entretanto, diz ele, com o sistema liberal capitalista, sempre permaneceu um posicionamento ingênuo, no sentido de que ele é humanizável ou reformável, quando na realidade é tão contraditório com a mensagem cristã quanto com o coletivismo marxista. Na Conferência de Puebla, os bispos da América Latina e do Caribe, diferentemente do posicionamento ingênuo do magistério social pontifício, tomaram uma posição clara: nem coletivismo marxista nem capitalismo, pois se o marxismo professa um ateísmo teórico e prático, o sistema capitalista, embora não seja teoricamente ateu, na medida em que coloca no centro o "ter" ou o lucro, é também ateu, pois professa um ateísmo prático.

3.1 O profetismo silenciado

Em Aparecida, em diversos momentos do processo de redação do Documento, se quis introduzir no texto uma análise mais contundente do sistema liberal capitalista, mas sempre se esbarrou na oposição de determinados segmentos da assembleia. Entretanto, tanto no econômico como no campo político e no ecológico, o "texto original" tinha posicionamentos proféticos, mas que depois os censores matizaram ou suprimiram.

Com relação ao econômico, o "texto original" dizia: "Entretanto, segundo a Doutrina Social da Igreja, a Economia Social de Mercado continua sendo uma forma idônea de organizar o trabalho, o conhecimento e o capital, para satisfazer as autênticas necessidades humanas". No "texto oficial" aparece: "Entretanto, segundo a Doutrina Social da Igreja, o objeto da economia é a formação da riqueza e seu incremento progressivo, em termos não só quantitativos, mas qualitativos: tudo é moralmente correto se está orientado para o desenvolvimento global e solidário do homem e da sociedade na qual vive e trabalha. O desenvolvimento, na verdade, não pode se reduzir a um mero processo de acumulação de bens e de serviços. Ao contrário, a pura acumulação, ainda que para o bem comum, não é uma condição suficiente para a realização de uma autêntica felicidade humana" (DAp 69). Com relação ao tráfico de drogas, o "texto original" apontava para a raiz do problema – o sistema socioeconômico e cultural dos grupos dominantes, do qual são vítimas também os pequenos traficantes das favelas. Diziam os bispos: "É muito dolorosa a situação de tantas pessoas e, em sua maioria jovens, que são vítimas da voracidade insaciável de interesses econômicos dos que comercializam a droga". Os censores suprimiram o texto e abordam o problema na perspectiva da repressão ao tráfico por parte do Estado, da educação da juventude e da assistência aos drogados (DAp 422).

No campo político, os censores se mostram permeáveis à preocupação dos setores tradicionalmente dominantes, ante o poder que os pobres vão gradativamente conquistando de modo democrático, sobretudo os indígenas. O "texto original" do Documento de Aparecida dizia: "Constatamos como fato positivo o fortalecimento dos regimes democráticos em muitos países da América Latina e Caribe, segundo demonstram os últimos processos eleitorais". O "texto oficial" matiza: "Constatamos um certo processo democrático que se demonstra em diversos processos eleitorais" (DAp 74).

No campo da ecologia, não se explica por que os censores suprimiram do texto a referência às águas e aos recursos naturais. Dizia o "texto original": "... não um planeta com ar contaminado, com águas envenenadas e com recursos naturais esgotados". E acrescentou-se: "Felizmente, em algumas escolas católicas, começou-se a introduzir entre as disciplinas uma educação em relação à responsabilidade ecológica" (DAp 471).

3.2 Papa Francisco: esta economia mata

Um mercado que leve em conta o social e o bem comum, as contradições do atual sistema econômico com os ideais evangélicos, assim como Estados, na história recente da América Latina, promotores de políticas públicas de inclusão social, são desqualificados pelos censores do Documento de Aparecida, mas não pelo Papa Francisco. Na melhor tradição franciscana, o Papa Francisco frisa que "o cristianismo combina transcendência e encarnação" (IRMÃS PAULINAS, 2013, p. 79).[8] Por isso, diz aos jovens, no Rio de Janeiro: "Ninguém pode permanecer insensível às desigual-

---

[8] Alocução à "Classe dirigente do Brasil", por ocasião de sua visita ao Brasil, no Teatro Municipal do Rio de Janeiro, no dia 27 de junho de 2013.

dades que ainda existem no mundo" (ibid., p. 39).[9] É preciso tomar posição, ir à ação: "Quero que a Igreja saia às ruas, defendendo-se de tudo o que seja mundanismo, instalação, comodidade, clericalismo, estar fechada em si mesma" (ibid., p. 44). Nem é preciso perguntar-se muito sobre o que fazer: "Com as Bem-aventuranças e Mateus 25,31-46 (parábola do juízo final), se tem um programa de ação" (ibid., p. 46). Para o Papa, o grande desafio para os cristãos, consequentes com o Evangelho da vida, é "não deixar entrar em nosso coração a cultura do descartável. Ninguém é descartável!" (ibid., p. 40). Por isso, "tenham a coragem de ir contra a corrente dessa cultura eficientista, dessa cultura do descarte" (ibid., p. 74). Em nossa sociedade, hoje, "a exclusão dos jovens e dos idosos é uma eutanásia oculta" (ibid., p. 44).

Isso não se resolve simplesmente apelando para milagres, curas, ações paternalistas ou saídas providencialistas. Em *Evangelii Gaudium*, o Papa Francisco frisa que "ninguém pode nos exigir que releguemos a religião à intimidade secreta das pessoas, sem influência alguma na vida social e nacional, sem nos preocuparmos com a saúde das instituições da sociedade civil, sem opinar sobre os acontecimentos que afetam os cidadãos". E continua: "Assim como o mandamento de 'não matar' põe limite claro para assegurar o valor da vida humana, hoje temos que dizer 'não a uma economia da exclusão e da falta de equidade'. Esta economia mata. É inadmissível que não seja notícia que morra de frio um idoso morador de rua e que seja notícia a queda de dois pontos na bolsa". E continua: "Hoje, clama-se por segurança, porém,

---

[9] Expressão recorrente nos pronunciamentos do Papa Francisco, que se remete à alocução feita por ocasião da visita à Comunidade de Varginha (Manguinhos), Rio de Janeiro, no dia 25 de julho, durante sua visita ao Brasil, em 2013.

enquanto não se elimine a exclusão e a falta de equidade no seio de uma sociedade e entre os povos, será impossível erradicar a violência. Acusa-se da violência os pobres e os povos pobres, mas, sem igualdade de oportunidades, as diversas formas de agressão e de guerra encontrarão terreno fértil, que, cedo ou tarde, provocará sua explosão. Quando a sociedade – local, nacional, mundial – abandona na periferia uma parte de si mesma, não haverá programas políticos nem aparato policial ou de inteligência que possam assegurar indefinidamente a tranquilidade" (EG 53).

O Papa Francisco chama a atenção nesta Exortação Apostólica para que: "isto ocorre não somente porque a falta de equidade provoca a reação violenta dos excluídos do sistema, mas porque o sistema social e econômico é injusto em sua raiz". Parafraseando João Paulo II, que afirmou a vigência de uma sociedade que gera "ricos cada vez mais ricos, à custa de pobres cada vez mais pobres", o Papa diz que, "enquanto os ganhos de uns poucos crescem desmesuradamente, os ganhos da maioria ficam cada vez mais distantes do bem-estar desta minoria feliz. Este desequilíbrio provém de ideologias que defendem a autonomia absoluta dos mercados e a especulação financeira. Por isso, negam o direito de controle por parte dos Estados, encarregados de velar pelo bem comum. Instala-se uma nova tirania invisível, às vezes virtual, que impõe de forma unilateral e implacável suas leis e suas regras" (EG 56). Aqui está um complexo campo de ação dos cristãos, mas que é tarefa de todos os cidadãos. Não há outra saída, "o futuro exige hoje a tarefa de reabilitar a política, que é uma das formas mais altas da caridade", disse o Papa no Rio de Janeiro (IRMÃS PAULINAS, 2013, p. 80).[10]

---

[10] Alocução à "Classe dirigente do Brasil", por ocasião de sua visita ao Brasil, no Teatro Municipal do Rio de Janeiro, no dia 27 de junho de 2013.

Com relação à ecologia, o Papa Francisco também surpreende com a dedicação de uma encíclica sobre a questão, *Laudato Si'*, introduzindo no magistério social pontifício a noção de "ecologia integral", somando à compreensão do conceito em encíclicas anteriores também os conceitos de "ecologia econômica", "ecologia social", "ecologia cultural" e "ecologia da vida cotidiana". E de forma profética, inclui prioritariamente os pobres, que testemunham também sua forma de ecologia humana e social, vivendo laços de pertença e de solidariedade de uns para com os outros (LS 149). Para Francisco, faz-se necessária uma noção de ecologia "que integre o lugar específico que o ser humano ocupa neste mundo e as suas relações com a realidade que o circunda" (LS 15). Aspecto importante porque "isto nos impede de considerar a natureza como algo separado de nós ou como uma mera moldura da nossa vida" (LS 139).

Na Encíclica *Laudato Si'*, embora a palavra "capitalismo" não apareça, fica muito claro que para o Papa Francisco os dramáticos problemas ecológicos de nossa época resultam das "engrenagens da atual economia globalizada", engrenagens que constituem um sistema global, "um sistema de relações comerciais e de propriedade estruturalmente perverso". Essa perversidade se deve a um sistema no qual predominam "os interesses ilimitados das empresas" e "uma discutível racionalidade econômica", uma racionalidade instrumental que tem por único objetivo aumentar o lucro. Para o Papa, essa perversidade não é própria de um país ou outro, mas de "um sistema mundial, onde predominam a especulação e o princípio de maximização do lucro, e uma busca de rentabilidade financeira que tende a ignorar todo o contexto e os efeitos sobre a dignidade humana e o meio ambiente. Assim, manifesta-se a íntima relação entre degradação ambiental e degradação humana e ética". A obsessão do crescimento ilimitado, o consumismo, a tecnocracia, o domínio absoluto da finança e a divinização do mercado são outras características perversas do sistema. Em sua lógica destrutiva, tudo se reduz ao mercado e ao "cálculo financeiro de custos e benefícios". Mas sabemos que "o meio ambiente é um desses bens que os mecanismos de mercado não são capazes de defender ou de promover adequadamente". O poder "absoluto" do capital financeiro especulativo é um aspecto essencial do sistema, como revelou a recente crise bancária. O comentário da Encíclica é contundente: "A salvação dos bancos a todo custo, fazendo a população pagar o preço, confirma o domínio absoluto das finanças que não têm futuro e só pode gerar novas crises, depois de uma longa, custosa e aparente cura".

4. O método ver-julgar-agir

Uma quarta questão sensível colocada em relevo pelos censores do Documento de Aparecida é com relação à racionalidade moderna, indutiva e histórica, em contraposição a uma racionalidade dedutiva e essencialista, pré-moderna. O método *ver-julgar-agir*, idealizado por J. Cardijn, fundador da Ação Católica especializada, marca a recepção nos meios eclesiais da racionalidade moderna, primeiro na pastoral e, depois, na reflexão teológica. A pedagogia cardjiniana toma distância de uma racionalidade dedutiva, a-histórica, metafísica, escolástica, que a modernidade, desde o século XVI, havia superado. A racionalidade moderna é histórica, indutiva, articulada a partir da práxis ou da experiência. Como diz K. Rahner, na modernidade a teologia se faz antropologia, no sentido de que a experiência da transcendência só pode ser apreendida a partir da imanência.

O método ver-julgar-agir, idealizado por J. Cardin em 1925, entrou no magistério pontifício através do Papa João XXII, na encíclica *Mater et Magistra*, em 1961, como metodologia de ação. O Concílio Vaticano II, alicerçado na relevância de uma leitura dos "sinais dos tempos", na *Gaudium et Spes*, fará dele um método teológico (leitura dos sinais dos tempos, iluminação da Palavra, compromisso pastoral), que irá influenciar diretamente a Igreja na América Latina, dando origem à teologia da libertação e seu método – mediação socioanalítica, mediação hermenêutica, mediação da práxis.

Na Igreja, setores antagônicos à racionalidade e aos ideais da modernidade, bem como atrelados à teologia escolástica, sempre mostraram resistências ao método ver-julgar-agir, já com relação à Ação Católica, acusando-a de sociologização ou marxização da fé. Na América Latina, sobretudo com o advento da teologia da libertação, estes segmentos eclesiais trataram de suplantar o método por pedagogias dedutivas e a-históricas. Na Conferência de Santo Domingo, a metodologia de trabalho e a estrutura do documento, planejadas de modo indutivo, foram suplantadas por estes segmentos por uma metodologia dedutiva, para estranhamento da maioria dos membros da Assembleia.

4.1 Aparecida e o método ver-julgar-agir

A Conferência de Aparecida resgatou o método ver-julgar-agir, ainda que não sem dificuldades. O método se fazia presente não só no conteúdo como na própria estrutura do Documento. Entretanto, na redação final apresentada à Assembleia para a votação conclusiva, o atual capítulo primeiro, com o título Os discípulos missionários, estava originalmente no início da segunda parte, intitulada A vida de Jesus Cristo nos discípulos missionários, e não na primeira parte, A vida de nossos povos hoje, como se encontra. Apesar das moções da Assembleia para reverter a ordem dos capítulos, a Presidência não voltou atrás.

Expressão da resistência a uma racionalidade indutiva e histórica e do apego ao procedimento metodológico da teologia escolástica, são as supressões e interpolações dos censores na caracterização do método ver-julgar-agir no "texto original", que dizia: "Este documento continua a prática do método ver, julgar, agir". Substituiu-se "continua a prática" por "faz uso" do método. E acrescentou-se: "Este método implica contemplar a Deus com os olhos da fé através de sua Palavra revelada e o contato vivificador dos Sacramentos, a fim de que, na vida cotidiana, vejamos a realidade que nos circunda à luz de sua providência e a julguemos segundo Jesus Cristo, Caminho, Verdade e Vida, e atuemos a partir da Igreja, Corpo Místico de Cristo e Sacramento universal de salvação, na propagação do Reino de Deus, que se semeia nesta terra e que frutifica plenamente no Céu" (DAp 19).

Em resumo, ver à luz da Providência, julgar segundo Jesus Cristo e agir a partir da Igreja, ou seja, uma teologia que não se articula a partir da experiência, da história, dos acontecimentos, dos sinais dos tempos e, portanto, a-histórica, dedutiva, é irrelevante para seu contexto. Aqui aparece a dificuldade dos censores em reconhecer a densidade teologal da história, da experiência humana, da vida cotidiana, dos fatos. É aquela mentalidade de que o "profano" não tem nada a dizer para a Igreja e que a secularização, enquanto reconhecimento da autonomia do temporal, atenta contra o espiritual.

4.2 Papa Francisco: a realidade é mais importante do que a ideia

Se, para os censores do Documento de Aparecida, os pressupostos são mais importantes que o contexto histórico, para o Papa Francisco, a realidade é mais importante do que a ideia. O Papa pensa e fala na perspectiva do ver-julgar-agir. Tomando distância de uma racionalidade essencialista e dedutiva, o Papa Francisco afirma em *Evangelii Gaudium* que a realidade é complexa, plural, conflitiva e opaca, que precisa ser descoberta através de um discernimento (EG 194). Daí a necessidade de um olhar integral sobre a realidade, sem a pretensão de um olhar neutro e asséptico (EG 50): "A tentação se encontraria em optar por um 'ver' totalmente asséptico, um 'ver' neutro, o que não é viável. O ver está sempre condicionado pelo olhar. Não há uma hermenêutica asséptica" (PAULINAS, 2013, p. 139).[11] Por isso, a realidade não pode ser decifrada, de cima para baixo, e para o mundo inteiro – "nem o Papa nem a Igreja possuem o monopólio da interpretação da realidade" (EG 184).

E acusando recepção da razão histórica entende que a realidade é mais importante do que a ideia, pois esta não passa de uma interpretação daquela (EG 231). Nem o olhar da fé consegue eliminar toda a ambiguidade da realidade concreta (EG 233) que, por ser histórica, está "em permanente desenvolvimento, cujo protagonista é o Espírito Santo" (EG 122). Trata-se de "uma realidade nunca acabada" (EG 126).

---

[11] Alocução no Encontro com a Comissão de Coordenação do CELAM, por ocasião de sua visita ao Brasil, no Centro de Estudos do Sumaré, Rio de Janeiro, no dia 28 de julho.

O Papa Francisco assume também, na racionalidade, as contingências dos sujeitos que veem. Frisa que a realidade é apreendida na vida social onde recebemos os referenciais culturais (EG 115); vida social esta que influencia, inclusive, o modo de interpretar a realidade à luz da fé. A própria doutrina não é uma realidade "monolítica, a ser defendida sem nuances" (EG 40). Por isso, a hermenêutica da realidade é sempre comunitária, imperativo para um discernimento comum, o que vai ao encontro das exigências da razão comunicativa, colocada em relevo no atual contexto de crise da modernidade.

5. As Comunidades Eclesiais de Base

Uma das partes mais censuradas do "texto original" do Documento de Aparecida é a referente às Comunidades Eclesiais de Base (CEBs). Os censores têm consciência de sua importância e significado para a Igreja na América Latina, antes mero reflexo da Igreja europeia, agora uma Igreja com rosto próprio e uma palavra própria. Na verdade, as CEBs, enquanto eclesiogênese,[12] não são uma criação da Igreja na América Latina. Elas se alicerçam sobre a experiência paradigmática da Igreja primitiva, organizada em *domus eclesiae*, toda ela ministerial, inserida no seio da sociedade secular, em perspectiva profética. O martírio é a mais contundente prova de sua presença transformadora.

Na América Latina, sobretudo a partir de países como Brasil, Panamá, Chile e outros, as CEBs foram assumidas e recomendadas pelos bispos na Conferência de Medellín e

---

[12] A Conferência de Medellín, em sintonia com o modelo de Igreja na era primitiva, refere-se às CEBs como "célula inicial da estruturação eclesial" (Med 6,1).

logo tiveram grande impulso em todo o Continente. A exemplo da Igreja primitiva, o centro está na Palavra de Deus e, nas CEBs, em forma de "leitura popular da Bíblia",[13] como também na inserção profética numa sociedade marcada pela injustiça institucionalizada, gerando tensões tanto no seio da Igreja como dos Estados sob a ditaduras militares. Na Conferência de Puebla, os setores mais conservadores da Igreja já se contrapuseram a este "novo modo de ser Igreja", acusando as CEBs de constituírem-se em uma "Igreja popular", contraposta à hierarquia, bem como de politizar a fé. Na Conferência de Santo Domingo, propala-se "os movimentos" de apostolado de classe média como a "nova primavera da Igreja", respaldados por uma determinada "nova evangelização", em perspectiva de neocristandade.

5.1 Aparecida: é preciso dar novo impulso às CEBs

Uma das gratas surpresas de Aparecida foi o resgate das CEBs, reconhecendo seu valor e recomendando seu reimpulso em todo o Continente. Entretanto, os censores fizeram mudanças substanciais no "texto original" a respeito. No número 178, substitui-se: "Constata-se, em muitos lugares, um florescimento de Comunidades Eclesiais de Base"; por "... em alguns lugares". E acrescentou-se: "segundo o critério das Conferências Gerais anteriores". E suprimiu-se, no final deste número: "Arraigadas no coração do mundo, são espaços privilegiados para a vivência comunitária da fé, mananciais de fraternidade e de solidariedade, alternativa à sociedade atual, fundada no egoísmo e na competição desmedida". E,

---

[13] Este tipo de leitura bíblica, feita no interior das Comunidades Eclesiais de Base, foi popularizada e amplamente divulgada pelos roteiros dos "Círculos Bíblicos", elaborados por Frei Carlos Mesters.

acrescentou-se: "Puebla constatou que as pequenas comunidades, sobretudo as Comunidades Eclesiais de Base, permitiram ao povo chegar a um conhecimento maior da Palavra de Deus, ao compromisso social em nome do Evangelho, ao surgimento de novos serviços leigos e à educação da fé dos adultos; no entanto, também constatou que não têm faltado membros de comunidade ou comunidades inteiras que, atraídos por instituições puramente leigas ou radicalizadas ideologicamente, foram perdendo o sentido eclesial".

No número 179, suprimiu-se: "Queremos decididamente reafirmar e dar novo impulso à vida e missão profética e santificadora das CEBs"; "elas têm sido uma das grandes manifestações do Espírito na Igreja da América Latina e Caribe, após o Vaticano II"; "depois do caminho percorrido até o momento, com conquistas e dificuldades, é o momento de uma profunda renovação desta rica experiência eclesial em nosso Continente, para que não percam sua eficácia missionária, antes que a aperfeiçoem e a enriqueçam, de acordo com as sempre novas exigências dos tempos". Neste mesmo número, suprimiu-se, também: "As CEBS, em comunhão com seu bispo e o projeto de pastoral diocesana, são um sinal de vitalidade na Igreja, instrumento de formação e de evangelização, e um ponto de partida válido para a Missão Continental permanente"; e acrescentou-se: "Mantendo-se em comunhão com seu bispo e inserindo-se no projeto de pastoral diocesana, as CEBs se convertem em um sinal de vitalidade na Igreja particular. Atuando, dessa forma, juntamente com os grupos paroquiais, associações e movimentos eclesiais, podem contribuir para revitalizar as paróquias, fazendo das mesmas uma comunidade de comunidades".

No mesmo número, suprimiu-se: "Elas poderão revitalizar a paróquia, desde seu interior, fazendo das mesmas uma comunidade de comunidades", substituindo-se por: "Atuando, assim, juntamente com os grupos paroquiais, associações e movimentos eclesiais, podem contribuir para revitalizar as paróquias, fazendo delas uma comunidade de comunidades". Finalmente, acrescentou-se, ao final do número: "Em seu esforço de corresponder aos desafios dos tempos atuais, as Comunidades Eclesiais de Base terão cuidado para não alterar o tesouro precioso da Tradição e do Magistério da Igreja".

No número 180, ao falar da validade de outras formas de pequenas comunidades, os censores acrescentaram, além destas, também os "movimentos". E substitui-se: "Junto com as CEBs, há outras 'variadas' formas de pequenas comunidades", por "outras 'válidas' formas"; substituiu-se, também: "A experiência positiva destas comunidades torna necessária uma especial atenção para que tenham a Eucaristia como centro de sua vida e cresçam em solidariedade e integração eclesial e social", por: "todas as comunidades e grupos eclesiais darão fruto à medida que a Eucaristia seja o centro de sua vida e a Palavra de Deus seja o farol de seu caminho e sua atuação na única Igreja de Cristo".

Como se pode perceber, a mudança no "texto original" com relação às CEBs foi profunda, com supressões, acréscimos e reformulações de redação. Permanecem elementos importantes, mas privados da contundência e profetismo do "texto original", contrapostos com a obsessiva insistência de inserção das CEBs na paróquia, sem o devido reconhecimento de que elas redundam num novo tipo de paróquia, comunidade de pequenas comunidades. Deliberadamente, se desqualifica a "decidida reafirmação" das CEBs feita pelos bispos, bem como o convite de dar-lhes "novo impulso". No fundo, está em jogo a eclesiologia do Vaticano II e, sobretudo, o novo rosto de Igreja que as CEBs deram à Igreja na América Latina.

5.2 Papa Francisco: as CEBs, riqueza que o Espírito suscita

Se, para os censores do Documento de Aparecida, as CEBs pervertem o magistério, não estão em comunhão com a paróquia e os movimentos devem ter mais destaque, para o Papa Francisco, elas combatem o clericalismo e renovam a paróquia e são riqueza que o Espírito suscita. Pela primeira vez na já longa história dos Intereclesiais das Comunidades Eclesiais de Base (CEBs) no Brasil, o evento tem recebido a palavra de apoio de um papa. O Papa Francisco, em sua mensagem, retoma o Documento de Aparecida, que se refere às CEBs como um instrumento que permite ao povo "chegar a um conhecimento maior da Palavra de Deus, ao compromisso social em nome do Evangelho, ao surgimento de novos serviços leigos e à educação da fé dos adultos" (DAp 178).

Na *Evangelii Gaudium*, ele frisa ser necessário "reconhecer que, se uma parte de nosso povo batizado não sente a sua pertença à Igreja, isso se deve também à existência de estruturas com clima pouco acolhedor em algumas de nossas paróquias e comunidades, ou à atitude burocrática com que se dá resposta aos problemas, simples ou complexos, da vida de nossos povos. Em muitas partes, predomina o aspecto administrativo sobre o pastoral, bem como uma sacramentalização sem outras formas de evangelização" (EG 63).

Ao abordar a questão de uma "pastoral em conversão", fala que as Comunidades de Base, como "uma riqueza da

Igreja que o Espírito suscita para evangelizar todos os setores e ambientes [...] trazem um novo ardor evangelizador e uma capacidade de diálogo com o mundo, que renovam a Igreja". Mas, conhecedor das tensões ainda existentes em torno delas, frisa a necessidade de que elas "não percam o contato com esta realidade muito rica da paróquia local e que se integrem de bom grado na pastoral orgânica da Igreja particular" (EG 29).

6. A inculturação

Uma sexta questão sensível, colocada em relevo pelos censores do Documento de Aparecida, é com relação à inculturação da fé, à legitimidade de Igrejas autóctones, com rosto próprio. A Igreja na América Latina, com a "recepção criativa" do Vaticano II feita pela Conferência de Medellín, desencadeou um processo gradativo de construção de uma Igreja autóctone, com rosto próprio.

6.1 Tarefa pendente: a inculturação no mundo indígena e afro-americano

Sobretudo os indígenas e os afro-americanos, como reconhece o Documento de Aparecida, são povos que reivindicam ser levados em conta na catolicidade (DAp 91). As teologias índia e afro-americana são expressão desta legítima aspiração, que tem contribuído para processos de uma evangelização inculturada no Continente. Entretanto, também neste campo, não faltaram mal-entendidos, tensões e conflitos com segmentos mais conservadores da Igreja. Eles argumentam o perigo da perda da catolicidade ou da unidade na mesma fé, nem sempre distinguindo unidade e diversidade, como frisou o Vaticano II. E têm obstaculizado muitos processos de inculturação da fé, seja na liturgia, na criação de ministérios ou na teologia.

Essa preocupação está registrada nas mudanças que os censores fizeram no "texto original" do Documento de Aparecida. Por exemplo, diziam os bispos: "Permanece ainda nos imaginários coletivos uma mentalidade e uma visão colonial com relação aos povos originários e afro-americanos". A redação foi substituída por: "Permanece, em alguns casos, uma mentalidade e um certo olhar de menor respeito em relação aos indígenas e afro-americanos" (DAp 96). Mais adiante, ao falar da formação dos agentes de pastoral, o "texto original" dizia e foi supresso pelos censores: "Faz falta uma sólida estrutura de formação permanente dos fiéis, em outros agentes de pastoral e uma evangelização mais inculturada em todos os níveis, particularmente nas culturas indígenas e afro-americanas" (DAp 100).

6.2 Papa Francisco: ir para as periferias, sem domesticar as fronteiras

Unidade confundida com uniformidade, medo do diferente, distância das culturas indígenas e afro-americanas são posturas que os censores deixam entrever em seus posicionamentos, ao contrário do Papa Francisco, que desafia a Igreja a ir para as periferias, sem domesticar as fronteiras. Em mais de uma oportunidade, também em sua visita ao Brasil, o Papa Francisco desafia a Igreja a sair de si mesma, do centro, e ir para as ruas, às fronteiras. Seu pensamento recorrente e insistente frisa que "uma Igreja que não sai de si mesma adoece, cedo ou tarde, em meio à atmosfera pesada do seu próprio fechamento. A doença típica da Igreja fechada é ser autorreferencial; olhar para si mesma, ficar encurvada sobre si mesma, como aquela mulher do Evangelho. É uma espécie de narcisismo que nos leva ao mundanismo espiritual (EG 93) e ao clericalismo sofisticado, e, depois, nos impede de experimentar a doce e reconfortante alegria de evangelizar" (BRIGHENTI, 2014, p. 21).

Para uma Igreja missionária, capaz de chegar a todos, sobretudo, aos pobres e esquecidos, é preciso uma reforma de suas estruturas. Na *Evangelii Gaudium*, afirma o Papa Francisco que se trata de "fazer com que todas as estruturas da Igreja se tornem mais missionárias; que a pastoral ordinária, em todas suas instâncias, seja mais expansiva e aberta; que coloque os agentes de pastoral em constante atitude de saída". O critério específico para a reforma das estruturas da Igreja é a missão e não a sofisticação administrativa. Para o papa, a "mudança das estruturas" (das caducas para as novas) não é "fruto de um estudo de organização do sistema funcional eclesiástico" (EG 25). O que derruba as estruturas caducas, o que leva a mudar os corações dos cristãos é justamente a missionariedade (EG 28).

Na perspectiva do dinamismo de uma evangelização inculturada, o Papa Francisco, em entrevista à revista *La Civiltà Cattolica*, exorta que, ao sair para as ruas, é preciso ficar atentos, para não cair na "tentação de domesticar as fronteiras: deve ir-se em direção às fronteiras, e não trazer as fronteiras para casa a fim de envernizá-las um pouco e domesticá-las". É o respeito à alteridade, a acolhida dos diferentes, estar disposto a deixar-se surpreender e aprender com as diferenças, dado que na evangelização não temos destinatários, mas interlocutores (EG 234). Em lugar de uma missão proselitista e domesticadora, um processo de evangelização pautado pelo testemunho e o diálogo é condição para o anúncio do querigma.

Na *Evangelii Gaudium*, o Papa Francisco afirma que a inculturação é a analogia pastoral da encarnação do Verbo. Na verdade, esta é a base teológica do imperativo de uma evangelização como inculturação do Evangelho. O dom de Deus se encarna na cultura de quem o recebe, diz ele. Lembra que a Igreja, como Povo de Deus, "encarna-se nos povos da Terra e cada um deles tem sua própria cultura" (EG 115). Consequentemente, o Evangelho inserido e inculturado "num povo, no seu processo de transmissão cultural, também transmite a fé de maneira sempre nova. Daí a importância da evangelização entendida como inculturação" (EG 122).

Falando do processo de uma evangelização inculturada, o Papa Francisco frisa na *Evangelii Gaudium* que, "pela inculturação, a Igreja introduz os povos com as suas culturas na sua própria comunidade, porque cada cultura oferece formas e valores que podem enriquecer o modo como o Evangelho é compreendido e vivido" (EG 116). Por isso, está "na lógica da Encarnação pensar num cristianismo pluricultural" (EG 117). O conteúdo do Evangelho é transcultural, mas se encarna em cada cultura. Assim, conclui o Papa, não é correto pensar que "o anúncio evangélico tenha de ser transmitido sempre com determinadas fórmulas preestabelecidas, que exprimam um conteúdo absolutamente invariável" (EG 129).

7. A família

A família, tal como os censores do Documento de Aparecida confirmam, é um dos temas controversos e sensíveis na Igreja, sobretudo em relação aos "casais em segunda união" e às uniões homoafetivas, sem falar nos contraceptivos e no aborto.

7.1 Aparecida: acolher os casais em segunda união

Independentemente de entrar em juízo de valor e na defesa dos princípios cristãos, o Documento de Aparecida recomenda, antes de tudo, uma atitude de acolhida e um acompanhamento com cuidado, prudência e amor compreensivo. O "texto original" falava em "matrimônios que vivem em situação irregular"; os censores substituíram "matrimônio" por "casais" (DAp 437) e acrescentaram: "Tendo presente que os divorciados que tornaram a se casar não lhes é permitido comungar" (DAp 248).

No início do Documento, ao introduzir o capítulo dedicado a abordar o "o olhar dos discípulos missionários sobre a realidade", enumera-se entre os pressupostos que enfraquecem a vida familiar a "ideologia de gênero", segundo a qual cada um pode escolher sua orientação sexual, sem levar em conta as diferenças dadas pela natureza humana. Frisa-se que isso fere a dignidade do matrimônio, o respeito ao direito à vida e a identidade da família (DAp 40).

7.2 Papa Francisco: quem sou eu para julgar

Questões como o acesso dos casais em segunda união à Eucaristia ou a acolhida dos homossexuais, que são tabus para os censores, para o Papa Francisco, como atesta seu empenho na preparação e realização do Sínodo sobre a família, precisam ser estudadas e debatidas na Igreja. Diante da crise da família, setores mais conservadores da Igreja, em lugar de desenvolver uma maior capacidade de acolhida àqueles que não conseguem viver conforme os ideais da fé cristã, têm-se destacado em frisar o imperativo do cumprimento dos princípios. Os censores do Documento de Aparecida tiveram a preocupação de deixar isso registrado no "texto oficial". É uma atitude na contramão de uma "Igreja samaritana", expressão de Paulo VI para caracterizar a nova eclesiologia do Vaticano II, categoria muito presente em Aparecida, à qual o Papa Francisco contrapõe uma "Igreja alfândega" (EG 47).

A postura do novo Papa começa pelo nome, emprestado de Francisco de Assis. Na realidade, Francisco é mais do que um nome. É um programa de vida, referência evangélica para todo o Povo de Deus. Entre outros, de Francisco de Assis, Francisco de Roma assume explicitamente, já demonstrado com gestos emocionantes, a "revolução da ternura". Frisa ele: "Precisamos todos aprender a abraçar, como fez São Francisco". Em entrevista à revista *La Civiltà Cattolica*, advoga por uma "Igreja samaritana": "Vejo com clareza que aquilo de que a Igreja mais precisa hoje é a capacidade de curar as feridas e de aquecer o coração dos fiéis, a proximidade (IRMÃS PAULINAS, 2013, p. 105).[14] Vejo a Igreja como um hospital de campanha depois de uma batalha. É inútil perguntar a um ferido grave se tem o colesterol ou o nível de açúcar altos. Primeiro, deve-se curar as suas feridas. Depois nos podemos ocupar do restante. Curar as feridas, curar as feridas... E é necessário começar de baixo" (cf. EG 67).

No pronunciamento aos bispos do CELAM, por ocasião da Jornada Mundial da Juventude no Brasil, na perspectiva de João XXIII, o Papa Francisco fala da necessidade de uma Igreja-mãe, condição para uma Igreja-mestra, que só se legitima quando respaldada pelo testemunho. A vocação e missão da Igreja começam, segundo o Papa, "pelo exercício da

---

[14] Alocução no Encontro com a Comissão de Coordenação do CELAM, por ocasião de sua visita ao Brasil, no Centro de Estudos do Sumaré, Rio de Janeiro, no dia 28 de julho.

maternidade da Igreja, que se dá pelo exercício da misericórdia". Só a misericórdia "gera, amamenta, faz crescer, corrige, alimenta, conduz pela mão... Por isso, faz falta uma Igreja capaz de redescobrir as entranhas maternas da misericórdia. Sem a misericórdia, temos hoje poucas possibilidades de nos inserir em um mundo de 'feridos', que têm necessidade de compreensão, de perdão, de amor" (IRMÃS PAULINAS, 2013, p. 105).[15]

Isso implica a Igreja descentrar-se de si mesma, o que não significa, simplesmente, sair para fora. Em *Evangelii Gaudium*, o Papa Francisco afirma que sair de si mesma, antes de tudo, representa "uma Igreja com as portas abertas. Sair em direção dos outros para chegar às periferias humanas não significa correr para o mundo, sem rumo e sem sentido. Muitas vezes, implica antes deter os passos, deixar de lado a ansiedade para olhar nos olhos e escutar, ou renunciar as urgências para acompanhar quem ficou à beira da estrada. Às vezes, é como o pai do filho pródigo, que fica com as portas abertas para que, quando regresse, possa entrar sem dificuldade" (EG 46).

8. A mulher na Igreja

Uma oitava questão sensível, colocada em relevo pelos censores do Documento de Aparecida, é com relação à mulher na Igreja. A mulher na sociedade, sua dignidade e seus direitos, é uma questão pacífica. Entretanto, seu papel na Igreja é uma questão controversa, especialmente para os setores mais conservadores da Igreja.

---

[15] Alocução no Encontro com o Episcopado Brasileiro, por ocasião de sua visita ao Brasil, no Arcebispado do Rio de Janeiro, no dia 27 de junho de 2013.

8.1 Aparecida: a mulher é discriminada na Igreja

No seio da sociedade, a Igreja advoga pela igual dignidade da mulher em relação ao homem. O próprio Papa Bento XV reafirmou isso no Discurso Inaugural de Aparecida: "Em algumas famílias da América Latina, persiste ainda, infelizmente, uma mentalidade machista, ignorando a novidade do cristianismo que reconhece e proclama a igual dignidade e responsabilidade da mulher com relação ao homem" (DAp DI). Entretanto, não é o mesmo discurso quando se trata da mulher no seio da Igreja, tanto que há uma séria defasagem entre a participação da mulher na sociedade em relação à Igreja.

O "texto original" do Documento de Aparecida, de maneira corajosa, reconhecia esta defasagem, mas foi suprimida pelos censores: a mulher, frisava o texto, é "descriminada na Igreja e com frequência ausente nos organismos pastorais" (DAp 99b). E acrescentaram que as mulheres, na Igreja, terão acesso aos ministérios, mas só "àqueles que a Igreja confia aos leigos".

8.2 O Papa Francisco e as mulheres

Ao contrário dos censores do Documento de Aparecida, para o Papa Francisco, a mulher é discriminada na Igreja e precisa ter acesso aos ministérios. Falando aos bispos do CELAM no Rio de Janeiro, adverte: "Não reduzamos o empenho das mulheres na Igreja; antes, pelo contrário, promovamos o seu papel ativo na comunidade eclesial. Se a Igreja perde as mulheres, na sua dimensão global e real, ela corre o risco da esterilidade" (IRMÃS PAULINAS, 2013, p. 105).[16] Na *Evangelii Gaudium*, quando o Papa Francisco

---

[16] Alocução no Encontro com o Episcopado Brasileiro, por ocasião de sua visita ao Brasil, no Arcebispado do Rio de Janeiro, no dia 27 de junho de 2013.

fala da dignidade e dos ministérios não ordenados, cita sem constrangimento "homens e mulheres" (EG 52, 86, 104, 171, 252, 271, 283): "Vejo, com muito prazer, como muitas mulheres partilham responsabilidades pastorais juntamente com os presbíteros, contribuem para o acompanhamento de pessoas, famílias ou grupos e prestam novas contribuições para a reflexão teológica" (EG 103).

Um dos fortes argumentos dos setores mais conservadores para cercear a participação das mulheres nos ministérios é a tradição, a ausência de ministérios para elas no itinerário da Igreja. Em contrapartida, o Papa fala que o papel herdado pela tradição pode ser aprofundado e deve ser ampliado, "para uma presença feminina mais incisiva na Igreja" (EG 103). O Vaticano II lembrou que a tradição é viva, progride, está aberta, porquanto "é a história do Espírito Santo, na história do Povo de Deus" (Bruno Forte). Para a *Evangelii Gaudium*, trata-se de uma questão séria que não se pode dar por resolvida sem um tratamento sério e profundo: "As reivindicações dos legítimos direitos das mulheres, a partir da firme convicção de que os homens e mulheres têm a mesma dignidade, colocam à Igreja questões profundas que a desafiam e não se podem iludir superficialmente" (EG 104). É uma tarefa que envolve a todos, especialmente, o magistério e os teólogos: "Aqui está um grande desafio para os Pastores e para os teólogos, que poderiam ajudar a reconhecer melhor o que isto implica no que se refere ao possível lugar das mulheres onde se tomam decisões importantes, nos diferentes âmbitos da Igreja" (EG 104).

Tema ainda mais espinhoso é o da ordenação de mulheres. Já desde sua primeira viagem ao exterior, precisamente ao Rio de Janeiro por ocasião da Jornada Mundial da Juventude em

2013, o Papa Francisco se mostrou partidário de que as mulheres tenham um papel de maior relevância na Igreja Católica – "não nos podemos limitar às mulheres coroinhas, à presidenta da Cáritas, à catequizadora; é preciso fazer uma profunda teologia da mulher. Quanto à ordenação das mulheres, a Igreja falou e disse não. Assim disse João Paulo II, mas com uma formulação definitiva. Essa porta está fechada. Mas, sobre isso, quero dizer-lhes algo: a Virgem Maria era mais importante que os apóstolos, do que os bispos, do que os diáconos e os sacerdotes. A mulher na Igreja é mais importante que os bispos e os padres. Como? Isto é o que devemos tratar de explicar melhor. Creio que falta uma explicação teológica sobre isto". Mas foi no dia 12 de maio de 2016, durante o encontro com a União Internacional de Superioras Gerais (UISG) de institutos religiosos na Sala Paulo VI, que o Papa Francisco, interpelado sobre a possibilidade do acesso das mulheres ao diaconato, decidiu constituir uma comissão de estudo a respeito. Algo totalmente impensável nos últimos pontificados.

9. Ministério ordenado e clericalismo

É com relação ao exercício do ministério ordenado que os censores também deixaram registrada sua dificuldade em assumir a renovação do Concílio Vaticano II. O "texto original" do Documento de Aparecida dizia: "Lamentamos certo clericalismo, algumas tentativas de voltar a uma eclesiologia e espiritualidade anteriores ao Concílio Vaticano II". No "texto oficial", suprimiu-se o clericalismo e, em lugar de uma eclesiologia e espiritualidade "anteriores" ao Vaticano II, aparece "contrárias" (DAp 100b). Também foi supresso, neste número, "lamentamos a ausência de senso de autocrítica" e "moralismo que debilitam a centralidade de Jesus Cristo".

9.1 Aparecida: lamentamos a volta do clericalismo

Uma das profundas mudanças do Vaticano II foi a superação do binômio clero-leigos pelo binômio comunidade-ministérios: não existem, segundo a *Lumen Gentium*, duas categorias de cristãos, mas um único gênero – os batizados – no seio de uma Igreja toda ela ministerial. E há uma radical igualdade em dignidade de todos os ministérios. O "texto original" do Documento de Aparecida procurava ressaltar esta passagem, mas os censores matizaram a mudança. Por exemplo, os presbíteros, no Documento original, eram designados mais "irmãos" do que "padres, pai", pois estão "ao serviço do sacerdócio comum dos fiéis". Os censores suprimiram isso e acrescentaram que os "presbíteros são qualitativamente diferentes" dos leigos. Deste número, suprimiu-se: "... Esta dimensão fraterna deve transparecer no exercício pastoral e superar a tentação do autoritarismo que o isola da comunidade e da colaboração com os demais membros da Igreja". E acrescentou-se: "Todo Sumo Sacerdote é tomado dentre os homens e colocado para intervir a favor dos homens em tudo aquilo que se refere ao serviço de Deus" (Hb 5,1). Finalmente, substituiu-se: o presbítero "não pode cair na tentação de considerar-se um delegado ou representante da comunidade", por "não pode cair na tentação de considerar-se um 'mero' delegado ou 'só um' representante da comunidade" (DAp 193).

Ainda com relação ao ministério ordenado, especificamente relativo ao diaconato permanente, suprimiu-se do "texto original": "A presença numérica dos diáconos permanentes cresceu significativamente em nossas Igrejas, ainda que com desigual desenvolvimento e valoração. A Quinta Conferência anima os bispos da América Latina e do Caribe a impulsar o diaconato permanente nas distintas dioceses e para grupos humanos específicos e pastorais ambientais". Acrescentou-se: "Não se pode criar nos candidatos ao diaconato expectativas permanentes que superem a natureza própria que corresponde ao grau do diaconato" (DAp 208).

Como se pode constatar, o "texto original" do Documento de Aparecida, coerente com a renovação do Vaticano II, tratava de situar os ministros ordenados dentro do Povo de Deus e de colocá-los a serviço dos leigos. Já os censores, ao contrário, mostram-se preocupados em salvaguardar a distância e as categorias das ordens clericais superiores sobre as ordens inferiores, sobretudo, do clero sobre os fiéis leigos.

9.2 Papa Francisco: clericalismo não tem nada a ver com cristianismo

Se, para os censores do Documento de Aparecida, deve-se zelar pela diferença entre clérigos e leigos, para o Papa Francisco, em sintonia com o Vaticano II, existe uma radical igualdade em dignidade de todos os ministérios da Igreja. Por isso, nem clericalismo nem leigo clericalizado. O clericalismo na Igreja é um dos temas recorrentes nos pronunciamentos do Papa Francisco, desde a primeira hora, em coerência com sua posição ainda como bispo em Buenos Aires. Em entrevista a um jornalista italiano, afirma que "o clericalismo não tem nada a ver com cristianismo. Quando tenho na minha frente um clericalista, instintivamente me transformo num anticlerical". Adverte que "na maioria dos casos, o clericalismo é uma tentação muito atual; trata-se de uma cumplicidade viciosa: o padre clericaliza o leigo e, o leigo, lhe pede o favor de o clericalizar, porque, no fundo, lhe é mais cômodo". Para o Papa, "o fenômeno se explica, em grande parte, pela falta de maturidade e de liberdade cristã em parte do laicato" (IRMÃS PAULINAS, 2013, p. 141-142).[17] Para o Papa, "a proposta dos grupos bíblicos, das Comunidades Eclesiais de Base e dos Conselhos pastorais está na linha da superação do clericalismo e de um crescimento da responsabilidade laical" (ibid., p. 142).

Em sua visita ao Brasil, falando aos bispos do CELAM, o Papa Francisco pergunta: "Nós, pastores, bispos e presbíteros, temos consciência e convicção da missão dos fiéis leigos e lhes damos a liberdade para irem discernindo, de acordo com o seu caminho de discípulos, a missão que o Senhor lhes confia? Apoiamo-los e acompanhamos, superando qualquer tentação de manipulação ou indevida submissão? Estamos sempre abertos para nos deixarmos interpelar pela busca do bem da Igreja e pela sua missão no mundo?". Como real espaço do exercício da corresponsabilidade de todos os batizados na Igreja, o Papa recorda aos bispos a importância dos conselhos: "Os Conselhos Paroquiais de Pastoral e de Assuntos Econômicos são espaços reais para a participação laical na consulta, organização e planejamento pastoral? O bom funcionamento dos Conselhos é determinante. Acho que estamos muito atrasados nisso" (IRMÃS PAULINAS, 2013, p. 136).[18]

Em relação com o clericalismo, está o estilo de exercício do ministério episcopal na Igreja, em sua grande maioria na Igreja hoje, distante do estilo de episcopado do "Pacto

---

[17] Alocução no Encontro com a Comissão de Coordenação do CELAM, por ocasião de sua visita ao Brasil no Centro de Estudos do Sumaré, Rio de Janeiro, no dia 28 de julho.

[18] Alocução no Encontro com a Comissão de Coordenação do CELAM, por ocasião de sua visita ao Brasil, no Centro de Estudos do Sumaré, Rio de Janeiro, no dia 28 de julho.

das Catacumbas, selado por um grupo de bispos no encerramento do Concílio Vaticano II. O clericalismo dos presbíteros parece agravado no modelo de bispo que predominou nas últimas décadas, seja no distanciamento do povo por um estilo de vida sem despojamento, seja de autoritarismo em relação ao seu presbitério. Ao ordenar novos bispos em Roma, o Papa Francisco lhes faz três recomendações. Primeiro, que "sejam pastores com cheiro de ovelhas, presentes no meio de sua gente como Jesus, o Bom Pastor. A presença de vocês não é secundária, é indispensável. As próprias pessoas pedem isso, desejam ver o seu bispo caminhar com elas, para estarem próximas dele. Não se fechem! Vão para o meio de seus fiéis, inclusive nas periferias de suas dioceses e em todas as 'periferias existenciais' onde há sofrimento, solidão, degradação humana. Presença pastoral significa caminhar com o povo de Deus: na frente, assinalando o caminho; no meio, para fortalecer a unidade; atrás, para que ninguém se desgarre, mas, sobretudo, para acompanhar o olfato que o povo de Deus possui para encontrar novos caminhos". Segundo, "os Bispos devem ser pastores, próximos das pessoas, pais e irmãos, com grande mansidão, pacientes e misericordiosos, capazes de escutar, compreender, ajudar e orientar. Homens que amem a pobreza, quer a pobreza interior como liberdade diante do Senhor, quer a pobreza exterior como simplicidade e austeridade de vida. Homens que não tenham psicologia de príncipe". Terceiro, "o Bispo precisa ficar com o rebanho. Refiro-me à estabilidade, que tem dois aspectos específicos: 'permanecer' na Diocese, e permanecer "nesta" Diocese, sem buscar transferências ou promoções. Os bispos precisam ser homens que não sejam ambiciosos e que sejam esposos de uma Igreja, sem viver na expectativa de outra, melhor ou mais rica. Tenham o cuidado de não cair no espírito do carreirismo, que é um câncer na Igreja. Como pastores, não é possível realmente conhecer o próprio rebanho, caminhar na frente, no meio e atrás dele, cuidá-lo com o ensinamento, a administração dos sacramentos e o testemunho de vida, caso não permaneçamos na Diocese. Permaneçam junto ao rebanho; evitai o escândalo de ser bispo de aeroporto" (BRIGHENTI, 2014, p. 25).

Finalmente, em contraposição aos censores do Documento de Aparecida, o Papa Francisco resgata uma recomendação na formação dos futuros presbíteros. Falando da necessidade de "um projeto formativo do Seminário que ofereça aos seminaristas um verdadeiro processo integral: humano, espiritual, intelectual e pastoral, centrado em Jesus Cristo Bom Pastor", o "texto original" propunha o que os censores suprimiram: "Para isso, seria uma ajuda que os seminaristas se agrupassem em pequenas comunidades de oração e de vida, mas sempre mantendo a unidade formativa do Seminário e seu projeto" (DAp 319). Curiosamente, o Papa Francisco, falando aos Superiores Gerais de Institutos Religiosos, afirma: "Se o seminário for muito grande, precisa-se separá-lo em comunidades menores com formadores que estejam capacitados a acompanhar, verdadeiramente, aqueles de sua responsabilidade. O diálogo deve ser sério, sem medo, sincero. É importante lembrar que a linguagem dos jovens em formação, hoje, é diferente daquela do passado: estamos vivendo uma mudança epocal. A formação é uma obra de arte, não uma ação policialesca. Devemos formar o coração dos jovens. Do contrário, formaremos pequenos monstros. E então estes pequenos monstros formarão o Povo de Deus. Isso me dá arrepios".

10. A vida consagrada

Uma décima questão sensível, colocada em relevo pelos censores do Documento de Aparecida, é com relação à vida consagrada na Igreja e na sociedade. Na América Latina, um dos atores mais ativos e propositivos na recepção da renovação do Vaticano II, sem dúvida, foi a vida consagrada, com belas iniciativas de inserção no meio dos pobres.

10.1 O profetismo da vida religiosa inserida

A concepção conciliar da vida consagrada como *sequela Christi* levou amplos segmentos dos religiosos e religiosas a se inserirem no meio dos pobres, em perspectiva libertadora. Grande parte da produção da teologia da libertação foi gestada por religiosos, vivendo em estreita ligação com lugares sociais de exclusão. Evidente que também foram estes segmentos que sofreram os maiores embates com os setores mais conservadores da Igreja, reticentes à renovação do Vaticano II. É neste contexto que se deu, no final da década de 1980, a intervenção na CLAR pela Congregação dos Religiosos e a proibição de iniciativas da vida consagrada, como o Projeto "Palavra Vida". Em muitos pronunciamentos de setores antagônicos à perspectiva libertadora, a vida consagrada era taxada de "magistério paralelo", exigindo "comunhão" dos religiosos com seus pastores e exercício de sua missão, "sob" as orientações do bispo local.

Os censores também deixaram registrada no "texto oficial" do Documento de Aparecida essa postura desqualificadora da vida religiosa inserida nos meios populares. O "texto original" dizia que os religiosos realizassem sua missão "... em mútua relação com os pastores". Os censores substituíram "mútua relação" por "autêntica comunhão" e acrescentaram: "sob sua orientação" (DAp 223). Mostram também seu distanciamento com o testemunho das comunidades religiosas inseridas no meio dos pobres, acrescentando que, nesta inserção, "comunidades inteiras se secularizaram".

10.2 O Papa Francisco: respondam ao clamor dos pobres

Se, para os censores, os institutos de vida consagrada precisam estar submissos aos bispos e distantes do mundo secular, para o Papa Francisco, eles precisam estar inseridos entre os mais pobres e serem reconhecidos pelos bispos em sua autonomia. Em sua Carta Apostólica *Às pessoas consagradas: para a proclamação do ano da Vida Consagrada*, publicada em 2014, o Papa Francisco reafirma o que foi supresso do "texto original" do Documento de Aparecida, relativo à vida consagrada inserida nos meios dos pobres e à relação com os bispos. Com relação ao lugar da vida consagrada, o Papa reafirma o que lhe é recorrente em seus pronunciamentos: "Espero ainda de vós o mesmo que peço a todos os membros da Igreja: sair de si mesmo para ir às periferias existenciais". E continua: "A humanidade inteira aguarda: pessoas que perderam toda a esperança, famílias em dificuldade, crianças abandonadas, jovens a quem está vedado qualquer futuro, doentes e idosos abandonados, ricos saciados de bens, mas, com o vazio no coração, homens e mulheres à procura do sentido da vida, sedentos do divino... Não vos fecheis em vós mesmos, não vos deixeis asfixiar por pequenas brigas de casa, não fiqueis prisioneiros dos vossos problemas. Estes se resolverão se sairdes para ajudar os outros a resolver os seus problemas, anunciando-lhes a Boa-Nova. Encontrareis a vida dando a vida, a esperança dando esperança, o amor amando" (n. 4).

A insistência do Papa Francisco sobre a presença dos religiosos nas periferias também aparece de forma incisiva em sua fala no encontro com o Superiores Gerais de Congregações e Institutos Religiosos, no dia 29 de novembro de 2013. O diálogo do Papa foi reproduzido por Antonio Spadaro e publicado pela revista *La Civiltà Cattolica*, na edição de janeiro de 2014: "Estou convencido de uma coisa: as grandes mudanças na história ocorreram quando a realidade não era vista a partir do centro, mas sim da periferia. Trata-se de uma questão hermenêutica: entende-se a realidade apenas se ela for olhada da periferia, e não quando nosso ponto de vista está equidistante de tudo. Para verdadeiramente entendermos a realidade, precisamos nos distanciar da posição central de calmaria e de paz, e nos dirigirmos às áreas periféricas. Estar aí nos ajuda a ver e a entender melhor; ajuda-nos a analisar a realidade de forma mais correta, evitando o centralismo e abordagens ideológicas". Para o Papa, é preciso conhecer a realidade via experiência: "Frequentemente faço referência a uma carta do Padre Pedro Arrupe, que foi o Superior-Geral da Companhia de Jesus. Trata-se de uma carta enviada aos Centros de Investigación y Acción Social (CIAS). Nela o Padre Arrupe falava da pobreza e dizia que algumas horas semanais de contato com os pobres são necessárias. E isto é muito importante para mim: é necessário conhecer a realidade via experiência, passar certo tempo caminhando pela periferia, buscando se familiarizar com ela e com as experiências de vida das pessoas".

Trata-se de diretrizes para a vida consagrada, que exigem mudanças na ação e nas estruturas. Em sua Carta Apostólica, já mencionada, *Às pessoas consagradas: para a proclamação do ano da Vida Consagrada*, afirma: "De vós espero gestos concretos de acolhimento dos refugiados, de solidariedade com os pobres, de criatividade na catequese, no anúncio do Evangelho, na iniciação à vida de oração. Consequentemente almejo a racionalização das estruturas, a reutilização das grandes casas em favor de obras mais cônsonas às exigências atuais da evangelização e da caridade, a adaptação das obras às novas necessidades" (n. 4). E conclui: "A inventiva do Espírito gerou modos de vida e obras tão diferentes que não podemos facilmente catalogá-los ou inseri-los em esquemas pré-fabricados. Por isso, não consigo referir cada uma das inúmeras formas carismáticas. Mas, neste Ano, ninguém deveria subtrair-se a um sério controle sobre a sua presença na vida da Igreja e sobre o seu modo de responder às incessantes e novas solicitações que se levantam ao nosso redor, ao clamor dos pobres" (n. 5).

A respeito da relação dos religiosos com a Igreja local, particularmente os bispos, o Papa Francisco marca também um distanciamento da prática vigente, inclusive dos critérios das diretrizes que foram promulgadas, em 1978, pela Congregação para os Religiosos e pela Congregação para os Bispos, com o documento intitulado *Mutuae Relationes*, em que o Papa pede à mesma Congregação para revê-los. No mesmo encontro com o Superiores Gerais de Congregações e Institutos Religiosos, no dia 29 de novembro de 2013, afirma: "Aquele documento foi útil naquele período, mas agora está desatualizado. Os carismas dos vários institutos precisam ser respeitados e fomentados porque são necessários nas dioceses. Conheço por experiência os problemas que podem haver entre um bispo e as comunidades religiosas". E continuou: "O fato é que conheço os problemas, mas também sei que os bispos nem sempre estão por dentro dos carismas e das obras dos religiosos. Nós, bispos, precisamos entender que as pessoas consagradas não são funcionárias, e sim presentes que enriquecem as dioceses. O envolvimento das comunidades religiosas nas dioceses é importante. O diálogo entre o bispo e os religiosos tem que ser resgatado, de modo que, devido à falta de entendimento de seus carismas, os bispos não vejam os religiosos simplesmente como instrumentos úteis".

Conclusão

As dez questões selecionadas para ilustrar o posicionamento de determinados segmentos da Igreja em relação ao Papa Francisco, concretamente, a intervenção dos censores do "texto original" do Documento de Aparecida, mostram a grata surpresa do resgate pelo magistério pontifício do profetismo da Igreja na América Latina. O que era periférico e aparentemente heterodoxo, repentinamente se faz centro e torna-se provocação para a Igreja inteira. Os "ventos do Sul" que sopravam há cinco décadas e sempre foram recebidos com suspeição, agora, sopram no coração da Igreja como um todo, graças ao "papa que vem do fim do mundo", porta-voz das jovens Igrejas do Sul, particularmente da América Latina.

As razões mais profundas do cerceamento das proposições da Igreja na América Latina radicam na dificuldade em assimilar a renovação do Vaticano II, da qual a Igreja em nosso Continente fez uma "recepção criativa" em torno da Conferência de Medellín. De fato, em grande medida, as dez questões abordadas, entre as 40 maiores sinalizadas pelos censores do Documento de Aparecida, se constituem em tarefas pendentes no processo de implementação das reformas do Concílio, estancadas ou até mesmo desqualificadas nas últimas décadas, com a volta de uma Igreja alinhada ao perfil da neocristandade. Tudo fazia crer que a renovação do Vaticano II era uma batalha perdida. Entretanto, a ascensão de um papa "do fim do mundo" significa esperança renovada.

Haverá futuro para as propostas da Igreja na América Latina, em grande medida assumidas pelo Papa Francisco? Talvez até mais em outros continentes que no nosso. Se depender de muitos de nossos bispos e, sobretudo, de grande parte da nova geração de presbíteros, muitos deles fazendo as contas de quantos anos restam para este pontificado, dificilmente teremos uma nova primavera na Igreja. Nossa periferia, que agora se tornou centro, quase já não se reconhece naquele rosto de Igreja que ela mesma se plasmou em torno das CEBs, da teologia da libertação, da pastoral social, da leitura popular da Bíblia e do testemunho dos mártires das causas sociais. A esperança é que "os ventos do Sul", que agora sopram no Norte que descobriu o teor e o valor da tradição eclesial libertadora, como o "vento impetuoso" de Pentecostes, voltem a "abrasar o coração" da periferia latino-americana, que ainda não assimilou o significado e o alcance de se ter um papa do "fim do mundo", acolhendo e abençoando aquilo que até então era visto pelo centro como barbárie eclesial.

Referências bibliográficas

AMERINDIA. *V Conferencia de Aparecida*: renacer de una esperanza. Montevideo: Editorial Don Bosco, 2008.

BRIGHENTI. A. *Aparecida em resumo*: o documento oficial e as mudanças feitas no documento original. São Paulo: Paulinas, 2007.

BRIGHENTI, A. *Para compreender o Documento de Aparecida*. São Paulo: Paulus, 2007.

BRIGHENTI, A. Perfil da Igreja que o Papa Francisco sonha. In: DA SILVA, José Maria (Org.). *Papa Francisco*: perspectivas e expectativas de um papado. Petrópolis: Vozes, 2014.

BRIGHENTI, A. Uma instituição em crise em uma sociedade em crise. In: PASSOS, J. D.; SOARES, A. L. (Org.). *Francisco*: renasce a esperança. São Paulo: Paulinas, 2013. p. 28-45.

CELAM. *Documento de Aparecida*. Brasília: CNBB; São Paulo: Paulus/Paulinas, 2007.

IRMÃS PAULINAS. *Palavras do Papa Francisco no Brasil*. São Paulo: Paulinas, 2013.

MUÑOZ, R. Los cambios al Documento de Aparecida. In: AMERINDIA. *V Conferencia de Aparecida*: renacer de una esperanza. Montevideo: Editorial Don Bosco, 2008. p. 229-240.

PAPA FRANCISCO. *Evangelii Gaudium*: sobre o anúncio do Evangelho no mundo atual. São Paulo: Paulinas, 2013.

PAPA FRANCISCO. *Laudato Si'*: sobre o cuidado da casa comum. São Paulo: Paulinas, 2015.

SUESS, Paulo. *Dicionário da Evangelii Gaudium*. 50 palavras-chave para uma leitura pastoral. São Paulo: Paulus, 2007.

SUESS, Paulo. *Dicionário de Aparecida*: 40 palavras-chave para uma leitura pastoral do Documento de Aparecida. São Paulo: Paulus, 2007.

El Papa Francisco: nuevo paradigma eclesial y teológico

JUAN JOSÉ TAMAYO[*]

La dimisión de Benedicto XVI marcó *el final del paradigma neoconservador* en la Iglesia católica, que se desarrolló durante más de tres décadas, conforme al calculado programa de restauración diseñado por el cardenal Ratzinger. Juan Pablo II y Benedicto XVI vaciaron el espíritu reformador del Concilio Vaticano II, en el que ambos habían participado activamente, y lo interpretaron con categorías preconciliares. Reforzaron la estructura jerárquica y patriarcal de la Iglesia hasta imponer un gobierno personalista sin concesiones a la participación del laicado, ni siquiera a la práctica de la colegialidad episcopal. Acentuaron el carácter dogmático de la doctrina católica, impusieron el pensamiento único y laminaron el pluralismo del Vaticano II. Hicieron alianza con los nuevos movimientos eclesiales, marginaron a no pocas congregaciones religiosas, entre ellas las femeninas vinculadas a tendencias feministas y anatematizaron a

---

[*] Profesor de teología en diversas instituciones de España y América. Fue profesor Titular de la Universidad Carlos III de Madrid y dirige actualmente la cátedra de Teología y Ciencias de las Religiones Ignacio Ellacuría da Universidad Carlos III. Es cofundador y actual secretario general de la progresista Asociación de Teólogos Juan XXIII, miembro da Sociedad Española de Ciencias de las Religiones, del Comité Internacional del Foro Mundial de Teología y Liberación y del Consejo de Dirección del Foro Ibn Arabi.

los movimientos cristianos de base y a las teologías en las que se apoyaban.

[Sustituyeron el clima de diálogo y la actitud "inter" de los años del Concilio y de los primeros años del posconcilio por el monólogo y la actitud "anti". Mutaron el programa de Reforma conciliar por el de la Contrarreforma preconciliar y tornaron la cálida primavera de Juan XXIII en frío invierno. Dificultaron la investigación teológica y pusieron límites muy estrechos a la libertad de expresión. Numerosos teólogos y teólogas, algunos de ellos asesores del Vaticano II, fueron apartados de la docencia, reducidos a silencio y sufrieron la censura de sus libros. No pocos de los obispos que en sus diócesis pusieron en prácticas las reformas conciliares y optaron por el pueblo fueron sustituidos por prelados fieles a la ortodoxia romana y alejados del pueblo.]

La elección del cardenal argentino Jorge Mario Bergoglio como Papa con el nombre de Francisco marcó *el comienzo de un nuevo paradigma*. Desde el principio, generó grandes esperanzas en amplios sectores dentro y fuera de la Iglesia. Esperanzas fundadas inicialmente en gestos que cambiaron la hierática imagen del papa y en cierta medida del papado, en la renuncia al boato, el lenguaje directo y no clerical, la predicación con el ejemplo, las sanciones contra jerarcas incursos en comportamientos alejados del evangelio, la crítica del clericalismo y de las patologías de la Curia Romana.

1. Líneas de acción del pontificado de Francisco

Tres son, a mi juicio, las líneas de acción del pontificado de Francisco: la reforma de la Iglesia desde la opción por los pobres, la crítica del actual modelo económico y la propuesta de una alternativa eco-humana basada en la solidaridad y la defensa de la casa común.

1.1 Reforma estructural de la iglesia desde las personas empobrecidas

Desde el minuto uno de su elección, el Papa Francisco se comprometió a llevar a cabo la reforma estructural de la Iglesia en la dirección marcada por el Concilio Vaticano II, desde la opción por las personas y los colectivos empobrecidos. La propia palabra "reforma" es una de las más frecuentes en el discurso de Francisco y constituye el punto fundamental de su programa de gobierno. La reforma empieza por una crítica severa de la Curia, cuyo principal defecto consiste, a juicio del papa, en ser "vaticano-céntrica", y de los obispos y sacerdotes que con frecuencia actúan como simples funcionarios y viven como príncipes.

Implica la "conversión del papado", la voluntad de descentralización, el reconocimiento de la responsabilidad del laicado, una presencia más inclusiva de la mujer en los lugares donde se toman las decisiones, un mayor protagonismo de los jóvenes, etc. En definitiva, una iglesia inclusiva de aquellas personas y colectivos hasta ahora excluidos. He aquí, muy en síntesis, las principales características de la nueva imagen de iglesia que propone Francisco:

- *Iglesia pobre y de los pobres*, donde han de tener su lugar preferente la gente sin hogar, las personas drogodependientes, las refugiadas y migrantes, las comunidades indígenas, las personas ancianas y las mujeres objeto de maltrato, violencia y exclusión.

- "Con las puertas abiertas", "en salida para llegar a las periferias humanas", "una Iglesia accidentada, herida y manchada por salir a la calle antes que una Iglesia enferma por el encierro y la com0odidad de aferrarse a las propias seguridades" (*La alegría del evangelio*, n. 49).

- Iglesia laical, descentralizada y crítica del clericalismo, considerado por Francisco uno de los graves males de la Iglesia, que mantiene al laicado al margen de las decisiones eclesiales (id., n. 102).

- Iglesia no monocultural y monocorde, sino con muchos rostros, que no puede encerrarse en los confines de una cultura, sino que reconoce la diversidad cultural (nn. 115-117),

- Iglesia que "primerea", es decir, que "sabe adelantarse, tomar la iniciativa sin miedo, salir al encuentro, buscar a los lejanos, y llegar a los cruces de los caminos para invitar a los excluidos" (n. 24)

- Iglesia que incluya socialmente a los pobres y fomenta la paz y el diálogo social.

- Iglesia que amplíe "los espacios para una presencia más incisiva de las mujeres en la Iglesia" y "en los diversos lugares donde se toman las decisiones tanto en la Iglesia como en las estructuras sociales" (n. *La alegría del evangelio*, n. 194).

- Iglesia *no autorreferencial ni introvertida*. Francisco cuestiona la reclusión en "las tareas intra-eclesiales sin un compromiso real por la aplicación del Evangelio a la transformación de la sociedad" (n. 102). El centro de sus preocupaciones son los problemas más acuciantes de la humanidad: la pobreza estructural, el desempleo, la marginación social y la exclusión cultural, la crisis ecológica, la población sobrante, las personas mayores solas, la juventud sin horizontes, Y ello en una doble dirección: la crítica, que teológicamente debe entenderse como "denuncia profética", y la propuesta de alternativas eco-humanas.

1.2 Crítica del actual sistema socio-económico

La segunda línea de acción de Francisco es la crítica del actual sistema socio- económico, que va más allá de la doctrina social de sus predecesores, califica en la *Evangelli Gaudium* de "injusto en su raíz" (n. 59) y al que dirige los siguientes *noes*:

- No a una "economía de la exclusión y la inequidad", que considera a las personas excluidas "desechos" y "sobrantes" (n. 53).

- No "a la globalización de la indiferencia", que nos hace incapaces de compadecernos de los clamores de los otros" y de llorar ante el drama de los demás (n. 54).

- No a una cultura del bienestar "que nos anestesia" (n. 54).

- No "a la nueva idolatría del dinero", al "fetichismo del dinero y de la dictadura de la economía sin un rostro y un objetivo verdaderamente humano", que "establece el predominio del dinero sobre nosotros y nuestras sociedades" (n. 55) y "fagocita todo en orden a acrecentar beneficios y deja a cualquier cosa frágil, como el medio ambiente, indefensa ante los intereses del mercado divinizado, convertido en regla absoluta" (n. 56).

- No "a un dinero que gobierna en lugar de servir", que mira a la ética "con cierto desprecio burlón" (n. 57).

- No "a la inequidad que genera violencia" (n. 58). No "al mal consentido, que es la injusticia", que "tiende a expandir su potencia dañina y a socavar silenciosamente las bases de cualquier sistema político y social por más sólido que parezca"...; un mal enquistado en una sociedad que "tiene siempre un potencial de disolución y de muerte" (n. 59).

Como alternativa al actual modelo social y económico injusto, Francisco propone nuevos valores para una nueva sociedad. Entre ellos ocupa un lugar preferencial la solidaridad, que es "mucho más que algunos actos esporádicos de generosidad" y "supone crear una nueva mentalidad que piense en términos de comunidad, de prioridad a la vida de todos sobre la apropiación de los bienes por parte de algunos" (n. 188).

La solidaridad es "una reacción espontánea de quien reconoce la función social de la propiedad y el destino universal de los bienes como realidades anteriores a la propiedad privada" y la decisión de devolver a los pobres lo que les pertenece (n. 189).

La respuesta al problema de la pobreza en el mundo exige: no confiar en las fuerzas ciegas y en la mano invisible del mercado; renunciar a la autonomía absoluta de los mercados; atacar las causas estructurales de la inequidad; fomentar el desarrollo en equidad, que no se reduce a crecimiento económico, ni a asistencialismo, sino que requiere decisiones, programas, mecanismos y procesos orientados a la mejor distribución de los ingresos, a la creación de fuentes de trabajo y la promoción integral de los pobres; interactuar coordinadamente todos los gobiernos en favor del bien común, ya que los problemas y las contradicciones son globales.

1.3 El cuidado de la casa común y la crítica del antropocentrismo

Otro ejemplo de que el discurso y la práctica de Francisco no son autorreferenciales es la encíclica *Laudato Si'. Sobre el cuidado de la casa común,* cuyo título se inspira en el *Cántico de las criaturas,* de Francisco de Asís. En ella ofrece una concepción holística de la realidad donde todo está conectado. La encíclica, que es el primer documento papal dedicado a la ecología, critica las diferentes formas de poder de la tecnología e invita a buscar otros modos de entender la economía y el progreso, un nuevo estilo de vida y un desarrollo sostenible e integral.

Critica igualmente el antropocentrismo despótico moderno que coloca la razón técnica por encima de la realidad y daña toda referencia común y todo intento por fortalecer los lazos sociales. La crítica se extiende a la presentación inadecuada de la antropología cristiana que respaldó la idea de dominación y explotación de la naturaleza por el ser humano, basándose en una inadecuada lectura del Génesis.

A su vez, establece una estrecha relación entre la realidad de la pobreza y la fragilidad de la tierra, el problema ecológico y el social, la preocupación por la naturaleza y la justicia con los pobres, el compromiso con la sociedad y la paz interior, la degradación ambiental y la degradación humana, el clamor de la tierra y el de los pobres, la justicia económica y la justicia ecológica, el cuidado de la naturaleza y la fraternidad-sororidad humana.

Reconoce el valor de todas las criaturas por sí mismas, sin que estén subordinadas completamente al bien del ser humano ni que este pueda disponer de ellas a capricho. Pide respetar las leyes de la naturaleza y los equilibrios entre los seres del cosmos y cuidar no solo de los seres humanos, sino también de los demás seres vivos.

2. En el horizonte de la teología de la liberación

Una de las manifestaciones más importantes del cambio producido durante el actual pontificado es la actitud receptiva la Teología de la Liberación (TL), objeto de sospecha durante los pontificados de Juan Pablo II y Benedicto XVI, quienes la condenaron, al tiempo que sometieron a juicio a algunos de sus más importantes representantes e impusieron la censura a sus libros.

Con Francisco la actitud ante la TL y sus principales cultivadores ha pasado del anatema al diálogo, del silenciamiento a la escucha, del aislamiento a la visibilidad, de la condena al reconocimiento. Poco después de ser elegido Papa, recibió a Gustavo Gutiérrez, considerado el padre de la TL, que treinta años antes había estado en el punto de mira del Vaticano y fue acusado de "pelagiano". Unos años después levantó la suspensión *a divinis* que pesaba sobre el religioso Miguel D' Escoto desde que fuera ministro de Asuntos Exteriores de los sucesivos gobiernos del Frente Sandinista en Nicaragua.

Eliminó los obstáculos de sus predecesores para la beatificación y ulterior canonización del monseñor Oscar Arnulfo Romero, arzobispo de San Salvador, asesinado en 1980. Ha contado para la redacción de la encíclica *Laudato Si'* con la colaboración del teólogo brasileño Leonardo Boff, dos veces sancionado por el Vaticano.

Francisco utiliza en sus documentos la metodología de la TL: análisis de la realidad (mediación sócio-analítica), interpretación liberadora (mediación hermenéutica), juicio ético (crítica del capitalismo) y llamada a la acción (praxis transformadora). La metodología y la orientación de la TL pueden reconocerse fácilmente en la Exhortación Apostólica *La alegría del Evangelio*, de 2013, texto revolucionario dentro de la doctrina social de la Iglesia que constituye una de las condenas más severas del neoliberalismo y se ubica dentro de las tradiciones anti-idolátricas de ayer y de hoy: los profetas de Israel, Jesús de Nazaret, Bartolomé de Las Casas, el marxismo y su crítica del fetichismo de la mercancía y del capital, los Foros Sociales Mundiales, etc.

Ha llevado a la práctica la teología de la liberación de distintas formas. Se ha reunido en varias ocasiones con los movimientos populares y ha asumido sus principales reivindicaciones que resume en las tres "T": "Trabajo, Techo, Tierra". Ha mantenido encuentros con las comunidades indígenas y en su encíclica *Laudato Si'* ha hecho suya la cosmovisión del *Sumak Kawsay* (Buen Vivir) como propuesta válida para toda la humanidad.

3. En sintonía con las Teologías del Sur global

El Papa argentino no viene del Norte ni del Centro, sino del Sur global, entendido no geográficamente, sino, según Boaventura de Sousa Santos, como la metáfora del sufrimiento sistémico y de la injusticia estructural de las clases y los pueblos oprimidos, provocados por los diferentes sistemas de dominación que actúan en alianza y complicidad.

La mayoría de sus viajes tienen como destino países del Sur global. Sus mensajes de denuncia y sus propuestas alternativas se dirigen a la mejora de condiciones de vida de los pueblos del Sur global. Reconoce un protagonismo especial a las Iglesias del Sur como encarnación de la Iglesia pobre y de los pobres.

Es en el Sur global donde se encuentran las periferias se dirige Francisco y pide que vayan las comunidades cristianas.

Sus críticas al sistema económico neoliberal tienen como destinatario el Norte global, a quien responsabiliza del empobrecimiento y del subdesarrollo del Sur. En la encíclica *Laudato Si'* recuerda que el Norte tiene una deuda ecológica con el Sur que no paga, mientras que obliga a los pueblos pobres a pagar su deuda externa. Ante tamaña injusticia, urge a los países del Norte a pagar la deuda ecológica contraída con el Sur. ¿Cómo? Limitando sustancialmente su consumo de la energía no renovable y aportando más recursos a los países más necesitados con políticas y programas de desarrollo sostenible (n. 52).

Son los pueblos del Sur, constata Francisco, quienes poseen las más importantes reservas de la biosfera y contribuyen al desarrollo de los países más ricos, poniendo en riesgo su propio presente y más todavía su futuro. La tierra de los pobres del Sur es rica y poco contaminada, sin embargo, "el acceso a la propiedad de los bienes y recursos para satisfacer sus necesidades vitales les está vedado por un sistema de relaciones comerciales y de propiedad estructuralmente perverso" (n. 52).

¿Son todos los pueblos igualmente responsables del cambio climático? No, responde el papa citando a los obispos estadounidenses. Existen *responsabilidades diferenciadas*

Francisco *critica el colonialismo cultural de Occidente*, por ejemplo, hacia países con una fuerte estructura tribal como Irak y Libia, a quienes trata de imponer sus propios valores y, en concreto, su propio estilo de democracia a cambio de una ayuda financiera. Relaciona, a su vez, el colonialismo cultural con el avance del terrorismo. Así lo reconocía en una entrevista concedida al diario católico francés *La Croix* el 16 de mayo de 2016.

En su visita a Myanmar en noviembre de 2017, ante la masiva expulsión de los rohingyas, reclamó "el respeto por cada grupo étnico y su identidad, sin excluir a nadie para ofrecer su contribución legítima", el fin de la violencia y la garantía del reconocimiento a los derechos de quienes consideran esta tierra como su hogar. Se refirió a las religiones como puentes de diálogo para resolver pacíficamente los conflictos y erradicar sus causas.

Por las arzones indicadas, creo que el papa se encuentra en las mejores condiciones para comprometerse con las Teologías que están desarrollándose en el Sur global: africana, asiática, latinoamericana, negra estadounidense, indígena. Son teologías emergentes, contra-hegemónicas, creadoras de discursos críticos del racismo epistemológico y generadoras de prácticas de liberación de los pueblos oprimidos.

Dichas teologías intentan responder a los grandes problemas que amenazan de manera especial al Sur global y que Francisco tiene muy presentes en sus discursos y en sus viajes: colonialismo, racismo, patriarcado, capitalismo, antropocentrismo depredado de la naturaleza, fundamentalismos, fascismo social, crisis de la democracia, etc. Estamos ante un *cambio de paradigma en el relato teológico bajo el signo descolonizador*, que cuestiona el eurocentrismo, tiene en cuenta la diversidad de escenario geoculturales, políticos y religiosos y transita por los caminos del diálogo entre Sur-Sur y Sur-Norte.

El cambio de paradigma ecológico, cultural, eclesial, político y socio-económico que propone Francisco y su crítica del colonialismo, están en plena sintonía y se corresponden con el giro descolonizador de las Teologías del Sur.

4. Límites y carencias

Pero el pontificado del Francisco tiene también límites y carencias que es necesaria explicitar para su corrección. Tres son, a mi juicio, los más importantes: la lentitud en la reforma de la Iglesia, la pervivencia del clericalismo y la marginación de las mujeres. La organización eclesiástica sigue siendo jerárquico-piramidal y está muy alejada de las prácticas democráticas que caracterizaron otros periodos del cristianismo –preferentemente en los primeros siglos- y que requiere el actual momento histórico. Francisco ha creado una comisión de cardenales para que le asesoren en la reforma de la Iglesia, pero la composición de la misma no me parece la más adecuada para el propósito que se propone. Veamos por qué.

Todos los miembros de la misma son varones, clérigos y "príncipes de la Iglesia". La Comisión está coordinada por el cardenal Oscar Rodríguez Maradiaga, arzobispo de Tegucigalpa (Honduras), que apoyó el golpe de Estado contra el legítimo presidente de su país Manuel Zelaya. En la Comisión no hay seglares -ni hombres ni mujeres-, ni teólogos ni teólogas, ni personas que representen a las Congregaciones Religiosas, ni miembros de los movimientos cristianos de base. Con estas ausencias, es muy difícil, por no decir imposible, que se produzcan cambios en los diferentes niveles de la organización eclesiástica, empezando por las parroquias y los obispados y terminando por el Vaticano.

El Papa no pierde ocasión para criticar, con razón, el clericalismo, que anula la personalidad de los cristianos, trata a estos como "mandaderos", lleva a cometer todo tipo de abusos de poder y apaga el fuego profético. Pero, en contra de la voluntad de Francisco, en la Iglesia católica sigue manteniéndose la mentalidad y la práctica clericales. El clero controla todos los ámbitos de la vida eclesial y no facilita cauces de participación real y efectiva de los seglares, que son mayoría en la Iglesia. Sigue pendiente la reforma de la Curia, que es una de las instituciones eclesiásticas más conservadoras y que más se opone a los cambios propuestos por Francisco.

En lo referente al lugar y papel de las mujeres en la Iglesia, se mantiene el inmovilismo de los Papas anteriores. Las mujeres siguen siendo mayoría silenciada. El discurso utilizado sobre ellas es el de la excelencia: se dice que son la armonía del universo, que poseen más importancia que los obispos y los sacerdotes. Pero son excluidas del ministerio ordenado, del acceso directo a lo sagrado, de los puestos de responsabilidad, donde se toman las decisiones importantes y de la elaboración de la doctrina teológica y moral. Viven en una permanente minoría de edad. El patriarcado religioso sigue instalado en la cúpula de la Iglesia, en su organización, sus instituciones, sus actitudes y sus prácticas.

Se descalifica la teoría de género llamándola despectivamente "ideología de género", cuando se trata de una teoría con una sólida fundamentación antropológica, filosófica, sociológica, etc. Francisco la considera una "colonización ideológica" financiada por países muy influyentes. La ideología de género, leemos en la Exhortación postsinodal *Amoris laetitia*, "presenta una sociedad sin diferencia de sexo y vacía el fundamento antropológico de la familia".

5. El futuro del nuevo paradigma de Francisco

¿Tendrá éxito el nuevo paradigma eclesial y teológico iniciado por Francisco? ¿Logrará los resultados esperados?

Mi respuesta es afirmativa, pero con una serie de condiciones que enumero a continuación:

a) Eliminar de facto el clericalismo.

b) Respetar el pluralismo en todos los campos del quehacer eclesial: litúrgico, teológico, pastoral, organizativo; en concreto, acoger a las corrientes teológicas que fueron marginadas, excluidas y condenadas por los papas anteriores, rehabilitar a las teólogas y los teólogos sancionados injustamente por sus predecesores y apoyar el nuevo paradigma de las Teologías del Sur global.

k) Promover la democracia inclusiva y paritaria, que exige poner en marcha un proceso de democratización que dé voz y voto a todos los creyentes, respete la disidencia y fomente el pensamiento crítico.

e) Incorporar a las mujeres en todos los ministerios eclesiales, sin distinguir entre ministerios ordenados y ministerios laicales, en los ámbitos de responsabilidad y en la toma de decisiones que afectan a todo el pueblo de Dios en igualdad de condiciones que los hombres, en la elaboración de la reflexión teológica y de las orientaciones morales; des-patriarcalizar lo sagrado y los espacios de poder;

f) Ejercer una autoridad compartida y renunciar al liderazgo unipersonal.

g) Cambiar de amistades y compañías. Francisco sigue teniendo en la Curia personas que dificultan el desarrollo de su programa de reforma y pueden hacerlo descarrilar. Debe vincularse con las comunidades eclesiales de base, los colectivos que impulsan el diálogo interreligioso e intercultural, los movimientos sociales (pacifismo, ecologismo, feminismo).]

h) Luchar contra la corrupción, tan extendida en la Iglesia, la sociedad, los poderes públicos, los gobernantes políticos y los religiosos.

i) Ubicarse en las periferias, según la certera expresión de Francisco, pero no para ejercer el asistencialismo, la beneficencia o la "caridad" mal entendida, sino para trabajar por otro mundo posible en el que se eliminen las periferias.

j) Promover, como hiciera Medellín, las comunidades eclesiales de base, que siguen siendo realidades vivas y activas y enriquecen el tejido social y eclesial. No podemos permitirnos la insensatez de minusvalorarlas ni la irresponsabilidad de destruirlas. Constituyen un patrimonio religioso y cultural, ético y cívico a proteger y expandir.

Francisco es hoy unas de las figuras mundiales con mayor reconocimiento ético y más elevado grado de credibilidad. Y lo es no tanto, ni principalmente, por ser Papa y estar en la cúpula de la Iglesia católica, cuanto por la coherencia entre su estilo de vida y su mensaje de liberación. Ahora bien, requiere de nuestra colaboración para llevar a buen puerto la reforma de la iglesia y contribuir a la regeneración de la sociedad, pero también de nuestra crítica ante sus carencias. No podemos caer en la fácil papolatría, que convierta al papa en un *superman* y a nosotros en simples espectadores acríticos. De nosotros depende en buena medida el éxito o el fracaso del nuevo paradigma puesto en marcha por Francisco.